하루 한 권 학습만화 17

세계의역사

일러두기

이 책은 세계사를 바라보는 다양한 시각 및 국제정치적 감각을 길러주기 위한 목적으로 기획되었다. 원서는 비교역사학을 토대로 서술되어 특정 국가의 시각에 치우치지 않고 세계 각국의 다양한 역사적 사실에 기반을 두고 있다. 다시 말해 우리 민족의 관점으로 바라본 세계사가 아님을 밝힌다.

다만 역사라는 학문의 특성상 우리나라 학계 및 정서에 맞지 않는 영토분쟁·역사적 논쟁점도 분명히 존재한다. 편집부 역시 이러한 사실을 인지하고, 국내 정서와 다른 부분은 되도록 완곡한 단어로 교정했다. 그러나 오늘날 발생하는 수많은 역사 분쟁을 다양한 시각에서 논의할 수 있도록 필요한 부분은 원서의 내용을 살려 편집했다. 교육 자료로 활용하거나 아동이 혼자 읽는 경우 이와 같은 부분에 지도가 필요할 수 있음을 당부드린다.

하루 한 권 학습만화 **17**

세계의 역사

도쿄대학 명예 교수 **하네다 마사시** 감수

제2차 세계대전 이후의 새로운 대립

제2차 세계대전 이후, 세계는 국제연합(UN)을 창설했지만, 미국과 소련 사이의 대립으로 냉전이 도래했다.

자유주의(서방)

미국

해리 트루먼

소련과 더 강하게 대립하고 봉쇄정책을 펼침

프랭클린 루스벨트

세계대전 이후 새로운 국제 평화기구 창설을 제창함

조지 마셜

'유럽 부흥 계획'을 발표함

코델 헐

자유무역의 필요성을 제언함

한스 모겐소

국제적인 금융기구의 설립을 주도함

영국

윈스턴 처칠

공산주의의 위협을 호소함

클레멘트 애틀리

북대서양 조약기구(NATO)의 설립을 주도함

사회주의(동방)

소련

이오시프 스탈린

소련의 최고지도자. 동서 냉전을 주도함

← 대립 (냉전) →

뱌체슬라프 몰로토프

스탈린에게 충성하며 활약한 외무장관

↓ 지원

독일민주공화국 (동독)

제2차 세계대전 이후 소련이 점령한 독일 동부 지역. 1949년에 건국됨

독일

분단

독일연방공화국(서독)

콘라트 아데나워

1949년에 건국된 서독의 초대 총리. 경제를 부흥시킴

체코슬로바키아

클레멘트 고트발트

공산당 정권을 세움

쿠데타 →

에드바르트 베네시

서구적 복수정당제를 도입함

제명 →

유고슬라비아

티토

스탈린과 대립하며 비동맹 정책을 펼침

↑ 압력

주요 사건

1945년

국제 연합(UN) 창설

1948년

베를린 봉쇄

1951년

샌프란시스코 강화 조약 체결

1955년

아시아·아프리카 회의 개최

제2차 세계대전 이후의 동아시아

연합군의 통치 아래 일본에는 민주화가 진행되었고, 한반도는 남북으로 분단되었다. 한편 중국 대륙에는 중화인민공화국이 수립되었다.

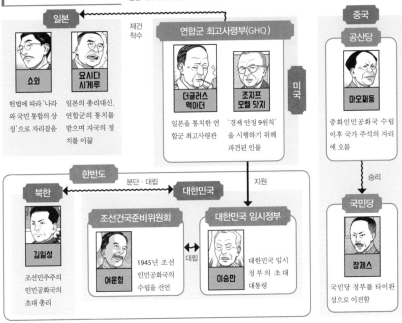

일본

쇼와

헌법에 따라 '나라와 국민 통합의 상징'으로 자리잡음

요시다 시게루

일본의 총리대신. 연합군의 통치를 받으며 자국의 정치를 이끎

재건 착수

연합군 최고사령부(GHQ)

더글러스 맥아더

일본을 통치한 연합군 최고사령관

조지프 모렐 닷지

'경제 안정 9원칙'을 시행하기 위해 파견된 인물

미국

중국

공산당

마오쩌둥

중화인민공화국 수립 이후 국가 주석의 자리에 오름

승리

한반도

분단·대립

북한

김일성

조선민주주의 인민공화국의 초대 총리

대한민국

조선건국준비위원회

여운형

1945년 조선 인민공화국의 수립을 선언

대립

대한민국 임시정부

이승만

대한민국 임시정부의 초대 대통령

지원

국민당

장제스

국민당 정부를 타이완 섬으로 이전함

제3세계의 자립을 둘러싼 움직임

열강의 식민 지배에서 벗어나고자 하던 아시아·아프리카 지역에 독립운동이 거세게 전개되면서 많은 나라가 독립을 이루었다.

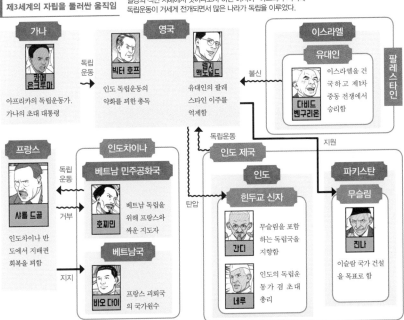

가나

콰메 은크루마

아프리카의 독립운동가. 가나의 초대 대통령

독립 운동

영국

빅터 호프

인도 독립운동의 약화를 꾀한 총독

램지 맥도널드

유대인의 팔레스타인 이주를 억제함

불신

이스라엘

유대인

다비드 벤구리온

이스라엘을 건국하고 제1차 중동 전쟁에서 승리함

팔레스타인

프랑스

샤를 드골

인도차이나 반도에서 지배권 회복을 꾀함

독립 운동

거부

인도차이나

베트남 민주공화국

호찌민

베트남 독립을 위해 프랑스와 싸운 지도자

베트남국

바오 다이

프랑스 괴뢰국의 국가원수

지지

독립운동

탄압

인도 제국

인도

힌두교 신자

간디

무슬림을 포함하는 독립국을 지향함

네루

인도의 독립운동가 겸 초대 총리

지원

파키스탄

무슬림

진나

이슬람 국가 건설을 목표로 함

독자 여러분께

17

제2차 세계대전 이후의 국제관계

도쿄대학 명예 교수 **하네다 마사시**

　제2차 세계대전이 끝나고 세계는 새로운 시대를 맞이했습니다. 전쟁으로 막대한 피해를 본 국가들은 평화와 협조의 필요성을 느끼고, 세계를 정치·경제적으로 안정시키기 위해 '국제연합(UN)'을 비롯한 다양한 국제기구를 설립했습니다.

　그러나 세계대전 때부터 조짐을 보이던 미국 주도의 자유주의 진영과 소련 주도의 사회주의 진영 사이의 대립은 전쟁이 끝난 뒤로도 서서히 심화되었고 결국 '냉전'으로 이어졌습니다. 소련은 독일에서 벗어난 동유럽 국가들에 영향력을 행사하는 한편 다른 지역의 사회주의 운동을 지원했습니다. 이에 자유주의 국가들이 경각심을 느끼면서 양 진영 간의 대립은 한반도와 베트남에서의 무력충돌로 격화했죠.

　한편 전쟁 이후 제국주의 열강의 식민 지배를 받던 많은 아시아 민족들의 풍경이 달라졌습니다. 1950년까지 대한민국, 인도와 파키스탄, 버마(미얀마), 인도네시아 등이 독립했던 것입니다. 중국 대륙에는 1949년 내전을 거쳐 중화인민공화국(중국)이 수립되었습니다.

　이 시기 서아시아에서는 국제연합의 결의에 따라 1948년 팔레스타인 땅에 이스라엘이 건국되었으나, 이를 인정하지 않는 주변 아랍 국가들과 전쟁이 벌어졌습니다. 양측의 대립은 오늘날까지도 이어지고 있죠.

　독자 여러분께서도 17권을 읽고 제2차 세계대전 전후의 세계지도를 비교해 보면서 어디가 왜, 그리고 어떻게 달라졌는지 함께 이야기 나눠 보시길 바랍니다.

당부의말씀

■ 이 도서의 원서는 일본 문부과학성이 발표한 '2008 개정 학습지도요 령'의 이념, '살아가는 힘'을 기반으로 편집되었습니다. 다만 시대상 을 반영하려는 저자의 의도적 표현을 제외하고, 역사적 토론이 필요 한 표현은 대한민국 국내의 정서를 고려해 완곡하게 수정했습니다.

■ 인명·지명·사건명 등의 명칭은 대한민국 초·중·고등학교 교과서 를 바탕으로 삼되, 여러 도서·학술정보를 참고해 상대적으로 친숙 한 표현으로 표기했습니다.

■ 대체로 사실로 인정되는 역사를 기반으로 구성했습니다. 다만 정확 한 기록이 남지 않은 등장인물의 경우, 만화라는 장르를 고려해 쉽고 재미있게 읽을 수 있도록 대화·배경·의복 등을 임의로 각색했습니 다. 또 역사의 흐름을 이해하는 데 도움이 되도록 만화에 가공인물을 등장시켰습니다. 이러한 가공인물에는 별도로 각주를 달아 표기했습 니다.

■ 연도는 서기로 표기했습니다. 사건의 발생 연도나 인물의 생몰년이 불분명한 경우에는 일반적으로 통용되는 시점을 채택했습니다. 또 인 물의 나이는 앞서 통용된 시점을 기준으로 만 나이로 기재했습니다.

■ 인물의 나이는 맞춤법에 어긋나더라도 '프리드리히 1세'처럼 이름이 같은 군주의 순서 표기와 헷갈리지 않도록 '숫자 + 살'로 표기했습니 다. 예컨대 '스무 살, 40세'는 '20살, 40살'로 표기했습니다.

시대의 흐름을 파악하자! 그림으로 보는 역사 내비게이션

1950년대의 세계

하브로미사시 교수님

제2차 세계대전 이후 세계에는 평화와 질서를 지키기 위한 국제기구가 마련되었지만, 서방 자유주의 진영과 동방 사회주의 진영 사이에 '냉전'이라는 첨예한 대립이 시작되었습니다.

동서 냉전의 표면화
(1946년~1947년경)

C

미국 주도의 자유주의 진영과 소련 주도의 사회주의 진영 간에 갈등이 불거짐

미주 기구 설립
(1948년)

미국의 주도로 반공산주의 국제기구가 출범됨

미국의 수소폭탄 실험 성공
(1952년)

미국은 원자폭탄을 보유한 소련에 대항해 수소폭탄을 개발함

한국 전쟁 발발
(1950년)

A

북한이 기습적으로 북위 38도선을 넘어 침공하면서 같은 민족 간에 내전이 발발함

② 당시 전쟁을 일으켰던 일본은 패전국으로서 주권 국가가 아니었어요. 연합군의 점령 통치를 받았죠.

 ① 제2차 세계대전이 끝난 1945년, 세계 평화를 위해 국제연합(UN)이 창설되었네요.

 ④ 아시아·아프리카에서 열강으로부터 독립한 신흥국들은 '제3세계'라는 그룹을 만들고 독자적인 노선을 걸었어요.

 ③ 동서 냉전에 가담하지 않은 나라도 있었나요?

독일의 동서 분단
(1949년)
B

연합군에 의해 분할 점령된 독일의 베를린이 봉쇄되면서 서독과 동독으로 분단됨

중화인민공화국 수립
(1949년)

국공 내전에서 승리한 공산당은 '마오쩌둥'을 주석으로 중국(중화인민공화국)을 건국함

제1차 중동 전쟁 발발
(1948년)

팔레스타인에 건국된 이스라엘과 아랍 국가들 사이에 전쟁이 발발함

인도 – 파키스탄 분리 독립
(1947년)
D

하나였던 인도가 '자와할랄 네루'가 이끄는 힌두교 신자 중심의 인도와 무슬림 중심의 파키스탄으로 분리 독립함

국민정부의 대만 이전
(1949년)

국공내전에서 패배한 '장제스'는 국민당을 이끌고 타이완 섬으로 피신함

◀ 다음 페이지에서 자세한 설명을 확인하세요

한반도의 남북 분열과 한국 전쟁

일본의 무조건 항복 이후 식민 지배에서 벗어난 한반도는 냉전의 영향으로 서방 진영인 대한민국과 동방 진영인 북한으로 갈라졌다. 그러던 1950년 북한의 기습 남침으로 한국 전쟁이 발발했다.

봉쇄된 서베를린에 물자를 지원하는 서방의 수송기

독일의 수도 베를린은 연합국 4개국에 의해 분할통치되었다. 1948년 서방 점령지구의 통화개혁에 반발한 소련이 항공로를 제외하고 서베를린으로 이어지는 모든 교통로를 차단하자 서방 측은 물자를 공수하며 맞섰다.

샌프란시스코 강화 조약 체결

C

1951년 샌프란시스코에서 일본과 48개 연합국 사이에 강화 조약이 체결되었다. 이 조약으로 일본은 미군정이 통치하는 오키나와 현 등을 제외하고 주권을 회복했다. 소련을 비롯한 동유럽 국가들은 미군 주둔에 반대해 서명하지 않았다.

아시아·아프리카 회의 개최

D

1955년 아시아·아프리카 지역 국가들의 회의가 인도네시아의 반둥에서 개최되었다. 인도를 비롯해 제2차 세계대전 이후 독립한 신흥국들의 주도로 반식민주의와 평화공존을 목표로 하는 '평화 10원칙'이 결의되었다.

🗹 파노라마 연표(1945년~1955년)

아프리카, 서·남·동남아시아	북·동아시아	일본
	중화민국	
(1945.4~1945.6)		
종전(1945.8)		
(1945.10)		
인도네시아 공화국 독립 선언(1945)		맥아더 연합군 최고사령관 취임(1945)
베트남 민주공화국 독립 선언(1945) 👤 호찌민(북베트남 / 1945~1969)	제2차 국공 내전(1946)	연합군의 통치 아래 민주화 시작
필리핀 공화국 독립 인도차이나 전쟁(1946~1954)		**쇼와 천황**의 인간 선언(1946)
인도-파키스탄 분리 독립(1947)		『일본국 헌법』 공포
👤 무함마드 알리 진나 (파키스탄 / 1947~1948)	**대한민국 ·북한**	
👤 자와할랄 네루(인도 / 1947~1964)	대한민국 정부 수립(1948)	
제1차 인도-파키스탄 전쟁	👤 이승만 (1948~1960)	
버마(미얀마) 독립(1948)		
간디 암살 세일론(스리랑카) 독립	**중국** (중화인민공화국) / **대만** (중화민국) / 조선민주주의 인민공화국 수립(1948)	
이스라엘 건국 제1차 중동 전쟁(1947~1949)	수립(1949) / 국민당의 타이완 섬 철수(1949) / 👤 김일성 (1948~1994)	
베트남국 수립(1949)	👤 마오쩌둥 (1949~1959)	닷지 라인 발표(1949)
은크루마 정권 탄생(1951) 이란의 석유 국유화	**중소 우호동맹 상호 원조 조약 (1950~1980)**	한국 전쟁 (1950~1953) / 전쟁 특수로 인한 일본의 경제 부흥(1950)
		샌프란시스코 강화 조약· 미일 안전 보장조약 (1951)
이집트 혁명(1952) 이란 쿠데타(1953) 평화 5원칙 선언(1954)	제1차 5개년 계획(1953~1957) 평화 5원칙 선언(1954)	
제네바 회담(1954)		
동남아시아 조약기구 (SEATO) 결성(1954)		
알제리 전쟁(1954~1962)		
		일본 경제의 고도 성장(1955)
아시아·아프리카 회의(1955)		
베트남 공화국 수립(1955)		

쇼와시대

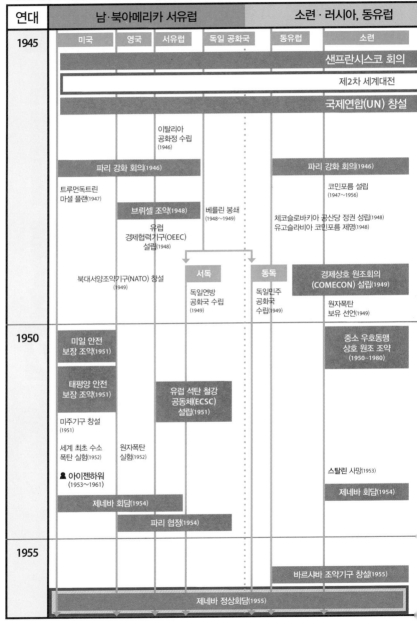

■ : 나라·왕조   붉은 글자 : 전투·전쟁   ■ : 조약·회의   👤 : 주요 통치자(재위·재직 기간)

• 시간의 흐름에 따라 서술한 연표로, 생략된 시대·사건이 있습니다.

연대	남·북아메리카 서유럽				소련·러시아, 동유럽	
	미국	영국	서유럽	독일 공화국	동유럽	소련
1945						샌프란시스코 회의
				제2차 세계대전		
						국제연합(UN) 창설
			이탈리아 공화정 수립 (1946)			
	파리 강화 회의(1946)				파리 강화 회의(1946)	
	트루먼독트린 마셜 플랜(1947)					코민포름 설립 (1947~1956)
			브뤼셀 조약(1948)	베를린 봉쇄 (1948~1949)		체코슬로바키아 공산당 정권 성립(1948) 유고슬라비아 코민포름 제명(1948)
			유럽 경제협력기구(OEEC) 설립(1948)			
	북대서양조약기구(NATO) 창설 (1949)		**서독** 독일연방 공화국 수립 (1949)	**동독** 독일민주 공화국 수립(1949)		경제상호 원조회의 (COMECON) 설립(1949)
						원자폭탄 보유 선언(1949)
1950	미일 안전 보장 조약(1951)					중소 우호동맹 상호 원조 조약 (1950~1980)
	태평양 안전 보장 조약(1951)		유럽 석탄 철강 공동체(ECSC) 설립(1951)			
	미주기구 창설 (1951)					
	세계 최초 수소 폭탄 실험(1952)	원자폭탄 실험(1952)				
	👤 아이젠하워 (1953~1961)					스탈린 사망(1953)
						제네바 회담(1954)
	제네바 회담(1954)					
		파리 협정(1954)				
1955						바르샤바 조약기구 창설(1955)
	제네바 정상회담(1955)					

■ 이 책에서 다루지 않는 역사   ■ 18권에서 다루는 역사

제2차 세계대전 이후의 국제관계
(1945년 ~ 1955년)

목 차

제 1 장

〈자켓 및 표지〉 곤도 가쓰야(스튜디오 지브리)

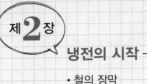
글로벌한
관점으로
세계를
이해하자!

세계사 내비게이터
하네다 마사시 교수

일본판 도서를 감수한 도쿄대학의 명예 교수. 세계적인 역사학자로 유명함

〈일러스트〉 우에지 유호

'여보세요 세계 위인!' 시간입니다.

모두들 안녕 하세요.

안녕하세요 ★ 세계의 유

만약에

하네다 마사시 교수

시공을 초월해
세계의 리더들과
통화할 수 있다면…!?

제2차 세계대전이 끝나자 세계 질서를 재편하기 위해 초강대국들이 움직이기 시작했어요.

세계대전 이후의 리더는 누구!?

세계의 역사를 움직인 분들의 목소리를 들어 볼까요?

오늘도 시공을 뛰어넘어 전화를 걸어주는 모시몽에게 부탁해

두둥

그럼 주요 인물들과 통화해 볼까요?

모시몽! 몇 년도로 전화를 거나요?

오늘의 주제는 바로 이것입니다!

16

먼저 1948년 이다몽!

막 전쟁이 끝나고 어렵던 시기군요.

오옷, 바로 연결됐나 봐요!

여보세요, 세계의 위인님?

미국 대통령 '해리 트루먼' 입니다.

여러분, 안녕하십니까?

해리 트루먼
(1884~1972)

그럼 트루먼 대통령님, 당신은 앞으로 세계를 어떻게 바꿔 나가실 생각인가요?

음, 좋은 질문이군요.

와아, 트루먼 대통령님과 전화가 연결되었군요.

이 분은 전쟁이 끝난 해인 1945년에 미국의 대통령님이 되셨어요.

19

트루먼 님은 미국의 자유주의, 자본주의 이념을 토대로

스탈린 님은 사회주의 이념을 토대로 나라를 운영하며 동맹국을 늘리고 있는 것 같은데요.

그렇다.

뭐! 그쪽이야말로 가난하기에 부자에게 혹사당하는 이들이 계속 가난한 채로 살아야 하지 않나!

으으, 말 같잖은 소리를! 나도 가난한 농가 출신이야!

아메리칸드림은 누구에게나 기회가 열려 있기에 평등한 거라고!

들썩 들썩

왁자 지껄

따르르르릉

혁명을 일으켜 사회주의를 전 세계로 확장하는 것이지!

우쭐 우쭐

흥, 하지만 일을 많이 하든 적게 하든 모두 똑같은 월급을 받으면 과연 누가 노력하려고 할까요?

하아, 두 분은 잠시 클래식 음악을 들으며 마음을 진정시키시죠…

슬쩍 보류!

보자, 이번 전화는 1960년에 연결되었군요.

두 번째의 데햇☆

1960년

띵 링띡 링~

저는 가나공화국 대통령 '은크루마'라고 합니다.

꼭 전하고 싶은 말이 있습니다!

여보세요, 세계의 위인님!

실례지만 이번에 전화 거신 분은 누구십니까?

팟

이왕 연결됐으니 이야기를 들어볼까요?

아무래도 다음 녹화 예정이었던 은크루마 대통령님과 연결된 것 같습니다.

감사합니다.

오잉?

지금껏 트루먼 씨와 스탈린 씨의 이야기를 들었습니다.

그래서 한마디 전할까 합니다!

꽉

콰메 은크루마
(1909~1972)

21

아!
1960년이면
영국의
식민지였던
가나가 독립해
공화정을
수립하고

은크루마
님이 초대
대통령으로
선출된
해군요?

미국도 소련도
거만한 국가들
입니다!

세계에는
두 나라만
존재하는 게
아닙니다!

우리는
미국에도
소련에도
속하지 않는

'제3세계'로서
중립을 선택
했습니다!

그러나
이젠
아닙니다.

독립한
우리는
우리만의
길을 걷고
있습니다.

그렇
습니다.

지금까지
아프리카는
유럽 열강의
식민지로서
줄곧
착취당해
왔습니다.

맞습니다.
우리는
아시아와 함께
아시아 · 아프리카
회의(반둥 회의)를
개최했습니다.

아시아

아프리카

중남미

제3세계

아아,
아프리카나
아시아,
중남미와 같은
이른바
개발도상국을
제3세계라
불렀죠?

1945년 8월

제2차 세계 대전이 끝났다.

전범국이나 피해국 할 것 없이 진심으로 평화로운 세계와 밝은 미래를 꿈꾸고 있었다.

오랜 전쟁으로 지친 사람들은

그렇게 전쟁 이전의 경험을 토대로 평화를 유지하기 위해서는 강력한 국제기구가 필요하다는 의견이 등장했다.

연합국의 지도자들은 세계대전이 이어지던 와중

이미 전쟁이 끝나고 평화로운 세계를 어떻게 만들어 나갈지 논의하고 있었다.

프랭클린 루스벨트
미국 대통령

이오시프 스탈린
소련 서기장

윈스턴 처칠
영국 총리

장제스
중화민국 주석

영국과 미국의 두 정상은 전쟁의 혼란스러운 틈바구니 속에서 캐나다 뉴펀들랜드 앞바다, 다시 말해 대서양 위에서 회담을 가졌다.

그 등장은 전쟁이 한창이던 1941년 8월까지 거슬러 올라간다.

프린스 오브 웨일스호
영국 해군 군함

오거스타호
미국 해군 군함

우선
미국과 영국이
손을 잡고
이 전쟁부터
끝냅시다.

국제평화
실현을 위한
새로운
국제기구의
설립 계획을
밝힌 것이다.

처칠과 루즈벨트는
대서양에서
회담을 나눈 뒤,
「대서양 헌장」을
성명 형식으로 발표했다.

국제평화를
유지하기 위한
'국제기구'를 만들어야
한다고 생각합니다.

전쟁 이후에는
이「대서양 헌장」의
정신을 이어받아
국제질서를
구축하고

우리가 세계의
경찰이 되어
국제평화를
이뤄냅시다.

우리
영국이
협력하겠
습니다.

전쟁 이후에는
강대국들만
막대한 군비를 갖추고
국제평화를 책임지는
경찰 역할을 수행해야
한다고 생각했다.

루즈벨트는
세계 모든 나라가
군비를 갖추면
다시 전쟁이
발발하므로

키워선
안 돼⋯!

더 이상
전쟁을

그러나
선언을
발표하고
4개월 뒤⋯

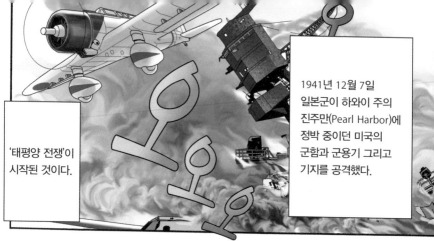

1941년 12월 7일
일본군이 하와이 주의
진주만(Pearl Harbor)에
정박 중이던 미국의
군함과 군용기 그리고
기지를 공격했다.

'태평양 전쟁'이
시작된 것이다.

뒤이어 1942년 1월
연합국 26개국은
'연합국 공동선언'을
발표했다.

「대서양 헌장」의 원칙을
재확인한 연합국은
독일 · 이탈리아 · 일본과의
전쟁을 철저히 수행하기로
의견을 모았다.

독일

미국

일본

소련

이탈리아

영국

흠…

소련 측에 군사 협력을 요청해 보는 건 어떨까요?

대통령님, 확실한 승리를 위해

코델 헐
미국 국무장관

미국 백악관

나치 독일의 군사력이 만만치 않습니다. 만약 지리적으로 유리한 소련군이 협력해준다면,

연합군이 확실하게 승리할 수 있습니다.

연합군 → 협공 ← 소련군

독일

소련 측과 이야기를 나눠 봅시다.

좋습니다.

소련군의 협력이 반드시 필요한 전쟁 같군요.

이렇게 미국이 소련에 접근하는 가운데,

같은 해 10월 모스크바에서 미국·영국·소련 3국의 외상※ 회의가 개최되었다. (모스크바 삼국 외상 회의)

이에 상호 간의 파시즘 타도 의향을 확인하기 위해

1943년 9월 이탈리아가 무조건 항복했다.

※ 한 국가에서 외교를 담당하는 총책임자를 말함

이 합의를 '모스크바 선언'이라고 부른다.

이 회담에서 미국·영국·소련은 훗날 국제연합(UN)으로 발전할 국제적 평화기구 설립에 합의했다.

뱌체슬라프 몰로토프
소련 외무장관

로버트 이든
영국 외무장관

코델 헐
미국 국무장관

이어 여기에 중화 민국이 가세했다.

아시아의 평화를 위해 꼭 협력해 주시길 부탁 드립니다.

이 전쟁이 끝나면 아시아는 중화민국이 리드할 겁니다.

이 전쟁이 끝날 때까진 양국과 동맹을 유지해야겠군.

알고 있어. 처칠 놈은 믿을 수 없지만,

예, 서기장 동지. 그러나 선언국의 일원으로써 미국, 영국과 협력할 필요가 있습니다.

그렇지? 몰로토프.

씨익

소련 놈들은 신뢰할 수 없어!

**영국 런던
처칠의 전시 내각 집무실**

스탈린은 나치 독일과 손을 잡고 독소 불가침 조약을 맺은 과거가 있지 않소…!

총리님…

어떻게 처리 할까요?

소련에서 나치 독일을 무찌르기 위해 영국도 군대를 파병해 달라는 요청이 왔습니다만,

먼저 남유럽과 동유럽 전선의 해방을 우선시합시다! 소련과 나치 독일이 함께 멸망한다면 그보다 좋은 일은 없을 거요.

미국은 긍정적인 것 같지만, 우리 영국은 협력하지 않을 거요!

이번 세계대전의 원인에는 몇 가지가 있습니다만

그 말은 즉,

그중 대표적으론 세계 대공황의 여파로 강대국들이 보호무역 정책을 취한 것을 꼽을 수 있겠습니다.

물건을 판매할 식민지(시장)와 자원이 부족한 일본, 독일, 이탈리아가 전쟁을 일으킨 원인으로 작용했다는 말이군요.

강대국이 자국의 이익을 지키기 위해

다른 나라 물건의 수입을 제한하거나 자원의 수출을 중단한 것이

36

연합군은
독일군이 점령한 프랑스에서
격전을 벌이고 있었다.
(노르망디 상륙 작전)

코델 헐이
새로운 경제체제에
관한 아이디어를
제시하고 있을 무렵,

1944년 6월 6일의
일이었다.

연합국 44개국의
재정 책임자들이 모여
'브레튼우즈 회의'를
개최했다.

그리고
한 달 뒤인
7월

미국 뉴햄프셔 주 브레튼우즈
마운트 워싱턴 호텔

만약 모든 나라가 전 세계 어디서나 시장과 자원을 얻을 수 있다면 전쟁은 사라질 것입니다.

한스 모겐스
미국 대표 · 재무장관

이때 미국 재무장관 '한스 모겐스'는 각국 대표들에게 국제평화를 이루기 위해서는 우선 각국의 무역이 자유로워야 한다고 주장했다.

이 자유무역을 실현하기 위해서 저는 몇 가지 제안을 하고자 합니다.

쉽게 말해 외환 시장에서 미국의 달러와 영국의 파운드가 공정하게 교환되고 있는지 감시하겠다는 겁니다.

음? 화폐 거래를 확인 한다고요 …?

먼저 '국제통화기금 (IMF)'의 설립입니다.

이는 세계에서 화폐 거래가 제대로 이루어지고 있는지 확인하는 기구 입니다.

영국 대표단

※1 쉽게 말해 미국 달러를 기준으로 환율을 정하고
   IMF를 설립해 불공정한 거래를 감시하자는 뜻

흠
…

이 기구의
원리를
설명해
드리죠.[1]

금

교환
OK

미국 달러

이렇게 되면
미국 달러가 금과 같은
가치를 지니게 되므로
외환 시장을 효율적으로
안정화할 수 있게 됩니다.
(달러 중심의 금 본위제)

전 세계
모든 사람이
미국 달러를
금과 교환할 수
있도록 할
것입니다.

일단

또 이로 인해
미국 달러가
전 세계에서 널리 사용되면,
영국의 파운드,
프랑스의 프랑 등
다른 나라와의
화폐 교환에 있어 환율의
기준이 잡힐 겁니다.
(기축통화)

프랑

파운드

즉
미국 달러는
금과 같다는
말인가?

그럼 화폐를
거래할 때
달러로 교환하면
안심되겠는걸!

지금껏
우리 영국의
파운드가 기축통화
였는데…!

미국 달러를
국제 기축통화
로요!?

영국 대표단

40

그, 그렇죠…
지금은 이 제안을
받아들이고
경제부터
되살려야 합니다.

음, 그렇지만
이번 전쟁으로 우리는
미국에 빚을 졌어요…
이런 상황에서
기축통화를 유지하는
건 무리겠죠.

세계은행을
설립함으로써
경제 사정이
좋지 않은
국가들도 자금을
빌릴 수 있게
됩니다.

그다음
'세계은행'의
설립
입니다.

부유한 나라에서
세계은행에 자금을 냄

↓

세계은행

세계은행은 출자[2]받은 자금으로
어려움을 겪는 나라에
낮은 이자로 돈을 빌려줌

↓

우리나라의 발전을
위해 자금을 빌려줘
감사합니다.

어려움을 겪는 나라가 살아남

이번 전쟁으로
우린 큰 피해를
입었습니다.
재건을 위해선
자금이
필요합니다.

이번 세계대전이
끝나면 우리 소련도
재건에 필요한 자금을
빌릴 수 있으면
좋겠소!

소련 대표단

※2 사업 등을 위해 자금을 내는 일

41

이번 전쟁에 직접적인 피해를 받진 않았습니다. 물론 전쟁 이후 각국의 재건이 중요하지만,

우리 라틴아메리카 국가들은

우리의 경제 발전에도 자금이 필요합니다.

우리도 세계은행에서 자금을 빌릴 수 있으면 좋겠습니다.

라틴아메리카 등 개발도상국 대표들

이렇게 '국제부흥개발은행 (IBRD)'이라는 국제금융기구의 설립이 결정되었다.

그렇다면 전쟁 이후 각국의 재건과 경제 회복, 개발도상국의 개발과 발전이라는 두 가지 목표로 세계은행을 설립합시다.

알겠 습니다.

아아, 네. 이것으로 경제 발전에 집중할 수 있겠어요.

다행이군요. 이걸로 우리 개발도상국도 안심할 수 있어요.

우리 소련의 의견만 반영된다면 상관없습니다.

뭐, 그렇다면 좋소.

당시 가장 부유한 나라였던 미국이 국제금융의 리더가 되는 것을 반대한 나라는 적었다.※

우리 영국도 미국이 리더가 되는 것에 협력하겠습니다.

이듬해인 1945년 12월 2개의 금융기구가 정식으로 출범되고,

1947년 자유롭고 평등한 무역을 위한 '관세와 무역에 관한 일반 협정(GATT)'이 체결되었다.

이러한 제2차 세계대전 이후의 경제체제를 가리켜 '브레튼우즈 체제'라고 한다.

브레튼우즈 회의에 참석한 국가들은 국제통화기금 및 국제부흥개발은행 협정에 서명했다.

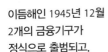

드디어 새로운 국제금융 체제가 가동되는군요.

우리 미국이 제안하고 정작 참여하진 않았던 '국제연맹'과 같은 실수를 되풀이할 수는 없습니다.

미국 백악관

음, 이번에는 국제평화를 실현할 수 있는 새로운 기구를 만들어야겠습니다.

이 전쟁이 이렇게까지 커진 것일 수도 있어 …

자국이 피해를 보지 않는 한 다른 나라에 개입하지 않겠다는 고립주의 때문에 …

그러나 당시 미국의 상원이 고립주의를 관철하기 위해 반대함으로써 정작 설립인인 미국이 참여하지 않았다.

국제연맹은 1920년 세계 최초로 국제평화를 목적으로 미국이 설립한 기구였다.

44

독일은 머지않아 항복할 겁니다.

이제 노르망디에 연합군이 상륙했으니

네.

전쟁 이후 평화를 지키기 위해 서둘러 강대국들을 모으고 바람직한 국제기구에 대해 논의해야 합니다.

우선 실무자들끼리 국제기구 헌장안을 검토하고 논의하고자 했던 것이다.

1944년 8월 21일 각국의 외상들이 워싱턴에 모였다.

미국 덤버턴 오크스 저택

새로운 기구에는 강대국 중심의 '안전보장이사회'와 모든 나라로 구성된 '유엔 총회'를 만듭시다.

강대국인 미국, 영국, 프랑스, 소련, 중국 5개국이 상임이사국※이 되어 국제 분쟁을 해결하는 데 주도적인 역할을 수행하는 겁니다.

에드워드 스테티니어스
미국 국무장관

※ 안전보장이사회 이사국 중 거부권을 가진 나라

음, 우리도 찬성 입니다.

안드레이 그로미코
소련 주미대사

알렉산더 카도간
영국 외무차관

찬성합니다. 타국을 침략하려는 국가에는 무력과 경제 분야에 제재를 가할 수 있어야 합니다.

즉 침략국을 제재하고자 할 때

다만 이사회에 상정된 안건은 상임이사국 5개국이 모두 동의할 때 결정됩니다.

흠…
하지만

이것이
'거부권'
입니다.

상임이사국 중
한 국가라도
반대하면
제재할 수
없습니다.

거부권은
어떻게
됩니까?

강대국이
전쟁에
휘말리면

약소국 간에
전쟁이
발발했을
때는 그렇다
쳐도

그렇지 않으면
전쟁에 참여하곤
스스로 거부권을
행사해 제재를
피해갈 겁니다.

영국도
같은 생각
입니다.

그럴 때는
전쟁에 휘말린
강대국이 거부권을
사용할 수 없도록
해야 합니다.

소련은
반대
합니다!

하지만
그러면
…

상임이사국은
어떠한
상황에서도
만장일치의
원칙을 지켜야
합니다.

거부권을
어느 범위까지
인정할 것인가를
두고 의견이
대립했다.

오늘은
초안부터
작성합시다.

일단
거부권을
둘러싼
이견은
추후에 있을
정상회담에
맡기고

이대로는
제자리 걸음이야.
의견 대립으로
평화기구의 설립을
늦출 순 없어..

흐음

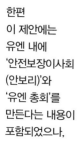

한편
이 제안에는
유엔 내에
'안전보장이사회
(안보리)'와
'유엔 총회'를
만든다는 내용이
포함되었으나,

이때 결정된 초안을
'덤버턴오크스 제안'
이라고 부르며,
이 회의에서
'국제연합(UN)'
이라는 명칭이
승인되었다.

미국 백악관

그렇군요...

거부권을 둘러싼 미국·영국과 소련의 대립으로 추후로 미루어졌다.

비록 과제는 남았지만 한 걸음은 나아갔습니다.

그것도 큰 걸음을 말이죠!

유럽 역시 미국·영국 등의 연합군 덕분에 해방을 목전에 두고 있었다.

연합군이다!

고마워요!

이러한 가운데 1945년 1월, 소련군은 독일군이 점령한 폴란드의 수도 바르샤바를 탈환했다.

전쟁 이후의 체제를 결정하기 위해 '얄타 회담'을 개최했다.

소련의 크림 반도에 위치한 얄타에서 미국·영국·소련의 정상들이 모여

같은 해 1945년 2월

얄타

흑해

이 회의에서는 전쟁 이후 세계의 평화와 안전을 지킬 체제에 대해 논의하고 싶습니다.

이 회담에서 유엔 설립과 관련된 논의의 초점은 상임이사국의 거부권 행사 범위였다.

그렇게 되면 이사회에서 아무것도 결정할 수 없게 됩니다.

미국은 반대 입니다.

상임이사국이라도 거부권을 행사할 수 있어야 한다는 거요.

우리 소련 측의 주장은 분쟁 당사국이

이대로
옥신각신하다간
유엔 설립이
수포로 돌아간다
…

분쟁
당사국의
거부권은
인정할 수
없습니다.

하지만
우리나라
로서는
…

거부권은
행사하지 못하지만,
투표 자체를
기권할 수 있게
하는 건…

이렇게 그럼
하면
어떨까요?

하지만
상임이사국 모두가
동의하지 않으면
결정하지 못하니
사실상 거부권을
행사한 것과 같다
…

회의 채결과
관련된
권리를
포기하는
것이니

반대도 찬성도
아니므로
거부권을
행사하는 건
아닙니다.

소련이 제멋대로
전쟁을 일으킬
위험성을 간과할
순 없지만…

알겠습니다.
그 중재안을
받아들이죠.

오오,

이걸로
거부권
문제는
해결
되었군요.

이대로
대립하고
있으면
유엔 설립은
멀어진다
…

좋소.
우리 소련도
받아들이지.

후후

그러나
이 타협이
나중에
성가시게
될지도
몰라.

이렇게 미국 · 영국 · 소련은 유엔의 중심 체계인 '안전보장이사회'와 '유엔 총회'에 합의하고 샌프란시스코에서 국제회의를 열기로 결정했다.

저도.

저는 찬성입니다.

다수결이라니 좋은 아이디어군요. 이전의 국제연맹은 만장일치제로 운영되었기 때문에 좀처럼 결정이 나지 않았습니다.

이날 결정된 「유엔 헌장안」이 샌프란시스코 회의에서 참가국의 지지를 얻는다면 비로소 유엔이 출범하게 되는 것이었다.

이 안건에서도 미국 · 영국과 소련이 대립했다.

소련

폴란드

한편 이 회의에서는 소련의 이웃국인 폴란드의 독립과 국경선에 대해서도 논의되었는데,

우리나라는 국외로 망명한 민주 정부를 지지합니다.※

그건 안 됩니다. 소련이 세운 임시정부 아닙니까?

다음 번에 있을 샌프란시스코 회의에 새로운 폴란드 정부를 초청하고 싶소.

※ 당시 폴란드 망명정부는 런던을 거점으로 활동함

그럼 정당한 폴란드 정부는 자유선거로 결정하는 건 어떻습니까?

폴란드를 독일로부터 해방시킨 건 우리 소련이오!

하지만 원래는 망명정부가…

선거를 위해 망명정부의 지도부가 폴란드로 귀국하자 소련의 입김이 닿은 임시정부가 이들을 체포한 것이다.

스탈린은 약속을 지키지 않았다.

그렇게 미국과 영국은 소련과 타협을 했으나

… 선거? 좋소.

미, 민주적 으로만 치러진다 면야…

그리고 부통령이었던 '해리 트루먼'이 대통령 직위를 승계했다.

루스벨트 대통령의 뜻을 이어받아

반드시 유엔을 설립하겠다!

해리 트루먼
미국 대통령

그동안 우리는 소련과 너무 많이 타협했어.

스탈린은 신뢰할 수 없네.

대통령님, 소련과의 관계는 어떻게 하실 생각입니까?

트루먼은 루스벨트와는 반대로

하지만 이제부터는 다를 걸세!

분명 폴란드 정부는 자유선거를 통해 선출하기로 하지 않았소?

소련은 사기꾼이오!

소련에 강경한 태도를 취했다.

바체슬라프 몰로토프
소련 외무장관

이 전쟁이 끝나면 소련과 협력하는 일은 없을 겁니다.

유엔 설립을 눈앞에 두고 미국·영국과 소련 간의 긴장은 점차 격앙되어갔다.

소련이 사기꾼이라는 말은 지금껏 단 한 번도 들은 적 없습니다!

무, 무슨 이런 모욕을!

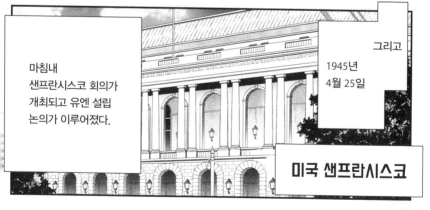

마침내 샌프란시스코 회의가 개최되고 유엔 설립 논의가 이루어졌다.

그리고 1945년 4월 25일

미국 샌프란시스코

58

이는 역사상 전례 없는 최대 규모의 국제회의였다.

이 회의에는 총 50개국이 참가해, 약 두 달 동안 다양한 의제에 대해 논의했는데,

더 나은 세상을 만들고자 하는 설계자 이십니다!

여기 모인 각국의 대표자 분들이야 말로

1945년 5월 7일 샌프란시스코 회의가 한창이던 와중, 드디어 나치 독일이 무조건 항복했다.

세계 각국은 협력해 나아가야 합니다!

세계의 평화를 위해서!

우와, 트루먼 대통령의 연설이야.

세계 평화...! 드디어 전쟁이 끝나는 구나!

그대들 덕분이오!

해냈 군요!

독일이 항복 했습니다!

흠, 얄타 회담에 초청하지 못해 미안하오.

'샤를 드골' 총리!

샤를 드골
프랑스 군인 출신 임시정부 총리

아니, 그, 그건…

하, 아닐세. 독일에 항복했던 지금의 프랑스를 강대국으로 인정하지 않는 사람도 있을 테니…

같은 해 10월 연합국은 샤를 드골이 이끄는 프랑스 임시정부를 정식 정부로 인정했다.

1944년 8월 프랑스는 연합군의 협력을 받아 나치 독일에게서 수도 파리를 탈환할 수 있었다.

처칠과 트루먼은 미국·영국·소련 3국 간의 협력에 중점이 있던 얄타 회담에는 프랑스를 초청하지 않았지만

앞으로는 프랑스를 포함한 다섯 강대국이 서로 협력해야 합니다.

드골 님, 프랑스도 우리와 같은 강대국 입니다!

소련을 억누르기 위해서는 프랑스의 힘이 필요했다.

프랑스를 강대국으로 인정하면 소련에 대항하기 쉬워질 거야…

여기서

그렇게 샌프란시스코 회의 마지막 날인 6월 26일, 참가국들이 「유엔 헌장」에 서명했다.

【유엔 헌장(UN헌장)의 주요 내용】

- 국제 평화와 안전을 유지한다.
- 모든 회원국을 평등하게 대하고,
  국가 간의 우호 관계를 발전시킨다.
- 인권과 자유의 존중을 위해 서로 협력한다.
- 분쟁은 평화적 수단으로 해결한다.
- 침략 등 평화를 파괴하는 위협에 대해
  유엔은 대항 조치를 취할 수 있다.
- 회원국은 무력공격에 대해 자위권을 가진다.

「유엔 헌장」이란
서문 및 19장 111조로
구성된 유엔의
목적 · 원칙 · 기능
등을 정리한 규범이다.

우리가
더 나은 세상을
만들어가기 위한
하나의 거대한
뼈대입니다!

이 유엔
헌장은

「유엔 헌장」이
조인된 이후
1945년 10월 24일,
마침내 유엔이
출범했다.

이는
평화 유지로
향하는
첫걸음
입니다!

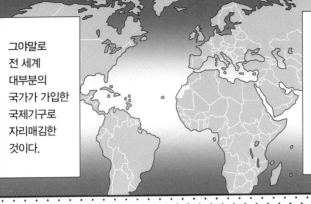

그야말로
전 세계
대부분의
국가가 가입한
국제기구로
자리매김한
것이다.

출범 당시
회원국 수는
51개국이었으나
오늘날에는
190여 개국에
이른다.

그리고 미국, 영국,
프랑스, 소련(러시아),
대만(중국)※ 5개국의
상임이사국 체제 역시
지금까지 이어지고 있다.

소련

미국

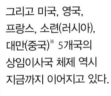

프랑스

대만(중화민국)

영국

1945년
12월
국제
통화기금
(IMF)과

뒤이어
국제금융
기구도
잇따라
설립
되었다.

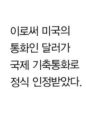

이로써 미국의
통화인 달러가
국제 기축통화로
정식 인정받았다.

국제부흥
개발은행(IBRD)이
미국의 수도
워싱턴 D.C.에
설립된 것이다.

63

독일이 무조건
항복한지
3개월이 지난
1945년 8월,

일본의
히로시마,
나가사키에
원자폭탄이
투하
되었다.

8월 14일
일본은 연합군 측에
무조건 항복하고,

9월 2일
포츠담 선언문에
기반한 항복 문서에
서명했다.[※]

이로써
약 6년 동안 이어진
제2차 세계대전이
그 막을 내렸다.

※ 국민에게 알린 날은 8월 15일

미국 · 영국과
소련 간의
감정의 골은
계속 깊어져만 갔다.

세계
대전은
끝났
습니다.

하지만

전쟁이
끝난 뒤

영국 런던

오늘은
전쟁 이후의
식민지에 관해
논의하고
싶습니다.

국제평화를 위한
체제 구상도
유엔을
설립하면서
일단락되었죠.

제임스 번스
미국 국무장관

1945년 9월
다섯 강대국의
외상이 모여
식민지에 관한
회의를 개최했다.

이탈리아의
식민지였던
북아프리카
지역은
'분할통치'
해야 합니다.

흠, 분할통치라…
독립국으로
자리 잡기 전까지
타국이 그 국가를
통치해야 한다는
말씀이신가요?

북아프리카와 서아시아를 분할통치하는 데 참여해 사회주의를 퍼뜨릴 기회야!

그렇지요.

뱌체슬라프 몰로토프
소련 외무장관

북아프리카와 서아시아 지역의 이권은 우리에게 있다. 소련에게 넘겨줄 순 없지!

영국은 반대합니다!

어니스트 베빈
영국 외무장관

소련의 지원으로 자유선거가 이루어지지 않고, 공산당 주도의 사회주의 정권이 들어섰습니다.

…
루마니아와 불가리아, 폴란드에서도

뭐요!? 가만히 듣고만 있진 않겠소!

마치 나치 독일 같군요?

미국은 이에 강력히 반대합니다.

이 회의에서 각국 외상들의 의견이 갈렸다.

소련 측에 묻고 싶습니다.

같은 해 12월에 개최된 모스크바 3국 외상 회의에서도 마찬가지였다.

소련 모스크바

이란 국내가 아직 안정되지 않아서 그래요.

그건

철수 시켜야 합니다!

전쟁이 끝났는데 왜 아직도 소련군이 이란에 머물고 있습니까?

소련군

레자 샤 팔레비 이란 샤한샤

이란

영국군

제2차 세계대전 중 영국군과 소련군은 이란이 추축국에 협력한다고 의심해 침공했고 그 결과 이란군은 패배했다.

그러나 이윽고 이란이 연합군으로 참전하면서 제2차 세계대전이 끝나고 연합국 측에서는 이란을 독립국으로 인정했다.

페르시아만

결국 이란은 군대를 물리지 않는 소련을 유엔에 호소했다.

1946년 1월

유엔은 소련 측에 군대의 철수를 권고했다.

이에 따라 같은 해 5월, 소련은 유엔 내에서의 고립을 우려해 철수를 결정했다.

이란의 이번 호소는 유엔의 힘을 가늠할 좋은 기회야!

음…

그러나 역시 소련은 신뢰할 수 없어.

대통령님, 유엔의 능력을 제대로 보여줬습니다.

이 무렵 소련은 동유럽 국가들에 세력을 확장하고자 했다.

1947년 1월 폴란드에서는 비로소 새로운 정부를 조직하기 위한 선거가 실시되었는데,

폴란드

체코슬로바키아

소련

【소련의 영향을 받는 국가】

헝가리

루마니아

유고슬라비아

불가리아

소련에 영향을 받은 공산주의 세력이 반대파를 철저히 탄압하는 식의 부정한 방법으로 승리를 거두었다.

그 결과 폴란드에는 소련을 지지하는 사회주의 정권이 수립되었다.

소련의 안보를 위해서는 …

어쩔 수 없지.

서기장 동지, 이번 폴란드 선거에 관해 미국과 영국이 가만히 있지 않을 것 같습니다.

이오시프 스탈린

폴란드나 다른
동유럽 국가들은
방패막이인
셈이지.

폴란드

소련

만약
다른
국가가
우리나라를
공격한다
해도

같은
사회주의
국가들이
장벽의
역할을
해줄 거야.

타국의 침략으로
전쟁이 벌어지면
주변국이 최전선
및 전쟁터가 됨

그렇
군요.

고작
1년 반 만에
소련과의
대립을
피할 수 없게
되었습니다.

흠,
전쟁이
끝나고

폴란드 선거를
조작하다니
역시 신뢰할 만한
놈이 아니오!

스탈린
자식,

영국 런던

윈스턴 처칠※

※ 당시 처칠은 총리직에서 퇴임했다가 1951년에 다시 취임함

70

자유로운 정치
활동을 인정하고
사람들의 의견을
정치에 반영해
자유로운 사회를
만들겠다는
사상이지.

나는 그래

나는 달라

반면
우리 영국이나
미국 등 이른바
서방 진영이라고
불리는 자유주의
국가들은

또 개인이나
민간기업의
자유무역 ·
경제활동을 도와
활기 넘치는
사회를 만들고자
하고 있죠.

열심히 하면
잘살 수 있어.

그렇죠.
이념이 다르다
해도 정당 활동이
보장되고
정치 집회도
자유롭게 할 수
있습니다.

네!

나는
이 자유주의야말로
사람들을 진정으로
풍요롭고 행복하게
만든다는 사실을
전 세계에 알리고 싶소.

사회주의
와
자유주의

제2차 세계대전 이후 국제평화를 실현하기 위해 유엔이 설립되었지만,

이 두 사상의 갈등은 국제평화를 어지럽히는 새로운 불씨가 되었다.

그리고 저 포스터 좀 봐.

재판소에서 '평화에 반한 죄'※로 연합국의 재판을 받고 있어.

하지만 지금 나치당의 지도부와 군인들이

뉘른베르크 국제군사재판

※ 국제법을 위반해 침략 · 위협 등을 계획 및 수행한 죄

유, 유대인들에게 이런 짓거리를 하고 있었다니…

미군이 거리마다 붙이고 있어.

살아남기 위해선 열심히 일해야 돼!

얼른 일하자! 후회만 해서는 가족들을 먹일 빵 한 조각도 구하기 힘들어.

어떻게 이런 짓을…

1945년 독일에서는 이 시기를 '모든 것을 잃고 처음부터 다시 시작하자'라는 뜻에서 '0시(Stunde Null)'라고 불렀다.

이 무렵 독일의 주요 거리는 연합군의 폭격으로 파편 더미로 변했다.

'0시'부터 다시 시작하는 거야!

그래…

이때 소련군이 점령한 동부 지역에서는…

네덜란드
영국
베를린
소련
폴란드
벨기에
프랑스
미국
체코슬로바키아
프랑스
소련
스위스
오스트리아
헝가리

제2차 세계대전 이후 연합군은 독일을 네 곳으로 분할해 점령했다.

거리마다 소련군이 넘쳐나.

독일 동부 드레스덴

이제 점점 사회주의 사상이 유입될 거야.

오빠, 앞으로 우리는 어떻게 되는 걸까?

나치가 빼앗아 간 자유를 소련이 되찾아 줬잖아.

무슨 소리야.

그게 뭐야, 무서워….

이 무렵 미국·영국 등의 자유주의 국가는 공산주의의 확산을 경계하고 있었다.※

1946년 3월 미국 미주리 주

잘 오셨습니다!

미국과 함께 공산주의의 확산을 막아야 한다고 생각했습니다.

이대로면 유럽 절반이 공산주의 국가가 될 겁니다.

해리 트루먼
미국 대통령

윈스턴 처칠
영국 전 총리

총리님의 연설을 미국 국민들에게 들려주시죠.

영국과의 관계를 더욱 공고히 하기 위해서라도

※ 제2차 세계대전 이후 소련의 영향력이 커지자 각국에서 사회주의 정당이 지지를 받음. 프랑스·이탈리아 등지에서는 공산당이, 영국에서는 노동당 내각이 정권에 참여함

소련 모스크바

뭐야, 이 연설은!

처칠 이 자식 은퇴했으면 얌전히나 있을 것이지 …!

왜 자꾸 연합국 사이의 협력을 방해하는 거야!

전쟁 이후 동유럽에서 소련의 영향력은 막강했으나,

연합국으로서의 관계는 유지해 갈등이 그렇게 심각하진 않았다.

이오시프 스탈린
소련 공산당 서기장

흠 …

역시 자유주의 국가는 신뢰할 수 없습니다.

서기장 동지, 그리스의 일도 있지 않았 습니까?

당시 그리스는 영국의
영향력 아래 있었는데,
영국이 지원하는 정부군과
소련이 지원하는
그리스 민주군이 대립했다.

제2차 세계대전
말부터
그리스에서는
내전이 일어났다.

흑해

보스포루스 해협

그러나 이를 위해선
흑해를 빠져나가
터키가 관리하는
보스포루스 해협과
다르다넬스 해협을
지나야만 했다.

마르마라해

1946년 8월
스탈린은
그리스 민주군을
지원하기 위해
군함을
파견하기로
결정했다.

에게해

다르다넬스 해협

터키

공동이라고!?
원래 터키가
관리하는
해협이라고!

NO!

해협
두 곳을
터키와
공동
관리하고
싶소.

스탈린은
군함을
통과시키기
위해 터키에
요구했지만,

터키는 이를
받아들이지 않았고
결국 소련은 원군을
보내지 못했다.

그리스 민주군은 소련의 지원이 없어 어려운 상황이었으나,

영국이 지원하는 정부군 역시 상황이 좋지 않았다.

칫, 영국도 재정 상황이 어려워 더 이상의 지원은 힘들다고 하더군.

그리스 정부군

이렇게 된 이상 미국에 지원을 요청해 보자.

그리스가 군사 지원을 요청해 왔습니다.

공산주의 진영의 위협을 받고 있는 것입니다.

게다가 공산주의 진영은 터키로까지 영향력을 넓히려 하고 있습니다.

해리 트루먼

미국 워싱턴

이러한 트루먼의
외교적 기조를
'트루먼 독트린'
이라고 한다.

소련의
공산주의와
대립하겠다는
의지를
분명하게
밝혔다.

곧이어
많은 의원들이
이 선언에 찬성해
그리스와 터키로의
원조가 결정되었다.

쿠우웅

63

이는 사실상
소련을 향한 선전포고와
다름없었기에
미국과 소련 사이의
긴장은 더욱 고조되었다.

1947년
7월

체코슬로바키아 총리
'클레멘트 고트발트'는
모스크바로 불려갔다.

총리 동지,
서기장
동지께서
기다리십니다.

체코슬로
바키아는
제2차
세계대전
당시

공산당과
망명정부가
협력해
나치 독일에
저항했다.

그리고 전쟁이 끝나자
망명정부의 대통령
'베네시'와
공산당의 총리
'고트발트'가 협력해

국가의 정치체제를
서구적인 복수정당제로
운영했다.

좋소
!

조국을 위해
함께 손잡고
힘냅시다!

클레멘트
고트발트
총리

에드바르트
베네시
대통령

이윽고 이들은
마셜 플랜을
받아들이기로
결정했는데…

전쟁으로
황폐해진
우리나라를
재건하기 위해
미국의 제안을
받아들입시다!

폴란드

체코슬로바키아

헝가리

유고슬라비아

소련

루마니아

불가리아

■ 코민포름 참가국

소련 공산당은
이 코민포름을 통해
각국에 대한 통제를
강화했다.

소련

체코슬로바키아

폴란드

헝가리

루마니아

불가리아

마셜
플랜에
대항했다.

뒤이어 1949년에는
사회주의 국가 간
상호 경제 협력을 위한
'경제상호원조회의
(COMECON)'[1]를
설립해

※1 설립 한 달 뒤 '알바니아'도 가맹

1948년
'유럽경제
협력기구(OEEC)'
를 설립하고
미국이 지원하는
재건 자금을 함께
받아들였다.

노르웨이

스웨덴

덴마크

아일랜드

영국

네덜란드

벨기에

룩셈부르크

오스트리아

프랑스

스위스

이탈리아

터키

그리스

포르투갈

한편 마셜 플랜에
동의한 16개국[2]은
영국 · 프랑스를
중심으로

■ 마셜 플랜 수용국

※2 지도 범위 밖에 있는 '아이슬란드' 포함

미국의 원조를 받아들인 '서방'*과 소련을 따라 원조를 거부한 '동방'으로 분열된 것이다.

동방

서방

이 마셜 플랜을 발단으로 유럽 국가들 간에는 대립과 분열이 불가피해졌다.

※ 이때 아일랜드, 스위스, 오스트리아, 스웨덴은 마셜 플랜은 받아들였으나 동서 대립에는 중립을 취함

소련의 영향권에 있는 수많은 동방 세력이 서로 대립하기 시작했다.

그 결과 미국을 지지하는 유럽의 수많은 서방 세력과

이렇듯 전쟁까지 이르진 않았으나 동서로 갈라져 일어난 팽팽한 대립을 '냉전(Cold war)'이라고 부른다.

냉전은 1946년부터 1947년경에 서서히 표면으로 드러나기 시작해 이후 40여 년간 지속되었다.

체코슬로바키아는 공산당이 집권해 일당독재 국가가 되었다.

같은 해 6월 고트발트가 대통령으로 선출되었다.

쿠데타가 일어난 지 한 달이 채 지나지 않아

제길, 이제 소련과 군사 충돌이 발생하지도 몰라.

영국이 만든다는 새로운 군사동맹에 우리도 협력해야겠군…

뭐! 체코슬로바키아 정부가 공산주의 독재를!?

이 소식은 서방 진영에 큰 충격을 안겨주었다.

로베르 쉬망
프랑스 총리

프랑스 파리

프랑스 · 영국 · 벨기에 · 네덜란드 · 룩셈부르크 5개국이 맺은 이 군사협정을 가리켜 '서유럽연합 조약' 이라고도 부른다.

1948년 3월 서유럽 방위를 목적으로 '브뤼셀 조약'이 체결되었다.

영국

네덜란드

벨기에

독일

프랑스

룩셈부르크

체코슬로바키아

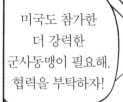

미국도 참가한 더 강력한 군사동맹이 필요해. 협력을 부탁하자!

아직 부족하다! 막상 소련과 전쟁이 벌어지면 우리만으로는 위험해.

클레멘트 애틀리
영국 총리

흠, 영국의 애틀리 총리가 전해온 제안인가…

**미국
블레어 하우스***

※ 당시 백악관은 보수공사 중이어서 트루먼은
블레어 하우스에서 집무를 보고 있었음

또 체코슬로바키아 사건으로 스탈린에게 뒤처지고 있습니다.

소련의 힘은 얕볼 수 없습니다.

예.

서유럽의 안전보장 체제에 동참해 달라고?

음…

조지 마셜
국무장관

해리 트루먼
미국 대통령

음, 그렇군요. 영국의 제안을 받아 들입시다.

체코슬로바키아처럼 서유럽을 내버려둬선 안 된다고 말이죠.

하지만 이걸로 원조에 반대하는 의원들을 설득할 수 있을 겁니다.

우리 미국은

소련에 대항하기 위해서

서유럽 국가들과 군사적으로도 협력해야 합니다.

아아아

그렇게 미국은 이듬해인 1949년 4월 서유럽 국가들과 함께 '북대서양조약기구' (NATO)를 출범했다.

여기서

NATO란
브뤼셀 조약 회원국에
캐나다·이탈리아 등이
추가로 참여한
미국 주도의
군사 동맹이다.

NATO

소련의 영향권에
있는 사회주의
국가들은 이에
대항하기 위해

출범 당시

1955년
'바르샤바
조약기구'를
창설했다.

바르샤바 조약기구

그렇게 유럽
동서 간의 대립은
미국과 소련
사이의 군사적
긴장으로까지 번졌다.

출범 당시

사회주의 체제를
분열시키는 자는
더 이상 동지가
아니다!

이, 이!
티토는
배신자다!

그러자 스탈린은…

이후
유고슬라비아는
동서 어느 진영에도
속하지 않는
'비동맹국'으로서
존재감을 드러냈다.

끄으응

티토와 스탈린
사이의 대립으로
1948년 6월
유고슬라비아는
코민포름에서
제명되었다.

흥!

흠,
티토도
제법
이군요.

하지만
지금은
유고슬라비아
보다도…

확실히
…

미국
블레어 하우스

102

독일의 경제 상황이 좀처럼 나아지질 않는군요.

그렇죠.

독일의 재건이 시급합니다…

조지 마셜 국무장관

프랑스와 소련은 독일이 재건돼 힘을 갖게 되는 걸 좋게 생각하지 않습니다.

영국

소련

미국

프랑스

현재 독일은 우리 미국을 포함한 4개국이 분할해 점령하고 있지만,

[독일 분할통치]

그러나 독일이 피폐해서는 유럽 전체의 재건이 어려워집니다!

하기야 이 두 나라는 제2차 세계대전에서 나치 독일에 가장 큰 피해를 입었으니…

그건…, 아! 트루먼 대통령님!

새로운
화폐
…?

그 말씀이 맞습니다.
그렇기에 먼저
독일의 경제를
재건할 수 있도록
프랑스의 협력을 얻어
새로운 화폐를
만들어야 한다고
생각합니다.

이 때문에
경제 상황에 맞는
새로운 화폐의
필요성이
대두된 것이다.

전쟁 이후
독일에서는
화폐의 가치가 하락해
극심한 인플레이션이
발생하면서,
사람들은 물물교환으로
생활했다.

다만
…

프랑스가
독일을 증오하는
마음은 이해하지만,
서방 진영의 결속을
위해 협력을
요청해야겠군요.

좋습
니다.

화폐의 가치가
안정되면
재건의 초석을
다질 수
있습니다.

이제 소련과의 대립은 피할 수 없는 데다, 되돌릴 수도 없다고 봅니다.

소련은 우리 계획에 동의하지 않을 것 같군요…

화폐 개혁을 단행 하시죠.

영국

소련

미국

프랑스

소련 점령지구를 제외하고 미국·영국· 프랑스 3개국 점령지구에서

1948년 서방 점령지구 에서는

좋습니다. 영국과 프랑스를 설득해 봅시다.

음! 우리 점령지구의 경제가 재건되면 소련을 견제하는 역할도 되겠군요.

독일의 인플레이션을 해결하기 위해 화폐 개혁을 시행했다. 이로써 독일에는 새로운 마르크화가 발행되었다.

서방이 베를린을 포기하게 만들어라!

물자가 부족하면 폭동이 일어날 거다.

서방의 독일 재건 계획을 저지하겠습니다.

알겠습니다!

배가 왕래하던 운하를 차단했다.

1948년 6월 스탈린의 명령에 따라 소련은 먼저 서베를린과 이어진 도로,

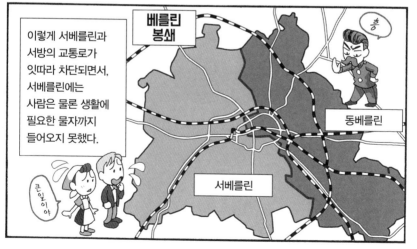

이렇게 서베를린과 서방의 교통로가 잇따라 차단되면서, 서베를린에는 사람은 물론 생활에 필요한 물자까지 들어오지 못했다.

베를린 봉쇄

동베를린

서베를린

흥

큰일이야

108

게다가

독일 동부 발전소

음…
수고했소.

허, 이걸로
서베를린에 전달되는
모든 전기를
차단했습니다.

어, 어떻게
이런… 마음이
아픕니다.
같은 독일인
인데요….

덜컥

그래도 아직 수도를
끊으라는 명령은
없었어요.
부디 서베를린 사람들이
살아남아 준다면
좋으련만…

안타깝지만
어쩔 수
없습니다.
상부에서 내려온
명령입니다.

서베를린

대형 수송기를
이용해 물자를
보급하는
대공수 작전을
개시했다.

미국을 비롯한
서방 진영은
서베를린을
구하기 위해서

그렇게 밀 · 빵 · 콩
· 치즈 · 우유 · 석탄
등을 비롯한
갖은 생활물자가

전기가 끊기고
사흘 뒤인 6월 26일
미군 수송기가
서베를린의
군용 비행장에
도착했다.

이제
살았어!

다행
이야!

서베를린
시내 각지로
수송되었다.

MILK

Beef Jre·······

DRI2

서베를린

동베를린

정말
고마워요!

심지어 하늘에서
낙하산에 실린
과자가 투하되기도
했다.

초콜릿
이다!

매일 막대한 물자가
서베를린으로
공수되었으며,
많게는 하루에
약 1만 3천 톤의
물자가 투하되었다.

미국과 소련 간의
전쟁으로 이어지는
첨예한 긴장 상태가
계속되었다.

'봉쇄'와 '공수'
이 공방 속에
단 한 번이라도
군사적 충돌이
발생하면

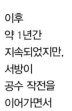

이후
약 1년간
지속되었지만,
서방이
공수 작전을
이어가면서

베를린을 무대로
동서 양쪽 진영의
힘겨루기는

와아아아아아

마침내 1949년 5월
소련이 베를린 봉쇄를
해제했다.

※ HURRA WIR LEBEN NOCH = 만세! 우리는 지금 살아있다

HURRA
WIR LEBEN
NOCH

휴
…

결국 소련이
봉쇄를 풀긴
했군요…

미국 워싱턴 D. C.

어쩔 수 없죠.

그렇지만 대통령님, 이번 일로 독일의 동서 분단은 피할 수 없게 되었습니다.

딘 애치슨
국무장관

분리하고 새로운 나라를 세우도록 지원해야…

이번 기회에 독일 서부를 '서독'으로

'콘라트 아데나워'가 정리한 『기본법』 말씀이군요.

그 헌법안을 서독 헌법으로 삼으면 좋을 텐데요.

그러고 보니 독일 평의회에서 제시한 헌법안이 있었죠?

마음이 든든 하군요.

훌륭한 인물이죠. 게다가 그는 우리 서방 진영과 가까워지길 바란다더군요.

분명 서독을 세우고 동방 진영을 견제하는 데 큰 힘이 될 것입니다.

우리 독일연방 공화국은

서방 진영 자유세계에 합류 합시다!

서독 본

콘라트 아데나워
독일연방공화국(서독)
초대 총리

아데나워는 14년간 총리로 집권하면서 이른바 '라인 강의 기적'이라 불리는 서독 성장의 핵심 인사로 활약했다.

그렇게 1955년 5월 서독은 파리 협정에서 주권을 되찾았다.

ES LEBE DIE NATIONALE FRONT DES DEMOKRATISCHEN DEUTSCHLAND※

독일민주 공화국 (동독)으로 자립했다.

한편 소련 점령지구는 독일연방 공화국이 수립하고 5개월 뒤인 1949년 10월,

※ ES LEBE DIE NATIONALE FRONT DES DEMOKRATISCHEN DEUTSCHLAND
＝ 민주주의 독일의 최전선 만세! ≒ 민주주의 독일로 향하는 선두 주자 만세!

미국의 자유주의와
소련의 사회주의는

많은 국가를
각 진영에
끌어들였다.

이로써 이데올로기와
군사적 갈등이 발생하면서
미국과 소련 주도의 대립 체제인
'냉전'이 전 세계로 퍼져 나갔다.

1945년 8월 14일
일본 정부는
연합군 측의
포츠담 선언에 따라
무조건 항복을
선언했다.

짐은
세계의
형국
속에서

일반 민중들은
라디오를 통해
일본의 패전
소식을 알게
되었다.

전쟁은
끝난
걸까?

이제 우리는
어떻게 되는
걸까…?

흑
…

다음날인 15일
'쇼와 천황'은
국내외에 알리기 위해
직접 라디오 앞에서
항복 문서를 낭독했다.

깊은
인고의
시간을
보내며…

또
미국 등의
연합국
측에서는

8월 15일은
일본에서는 종전기념일이자
패전일로 여기지만,
대한민국에서는 해방일이자
광복절(光復節)[1]로 여긴다.

※1 빛을 되찾은 날

자유·관용·정의를
실현하고 이러한
가치에 전념하는 세계,
더 나은 세계에서
태어나는 것이야말로
전 인류의 소망이다.

일본에
승리한 날로
기념하고 있다.

일본 정부가
미국 군함인 미주리호에서
항복 문서에 조인한
9월 2일[2]을

시게미쓰
마모루
외무대신

더글러스 맥아더
연합군 최고사령관

※2 중국과 소련(러시아)은 다음날인 9월 3일을 전승기념일로 기념함

그렇게 9월 2일
연합군은 일본을
점령통치하기
시작했다.

당면한 과제는 일본에 뿌리내린 군국주의를 제거하는 일일세.

연합군 최고사령부(GHQ) 도쿄 히비야

영국

프랑스

소련

미국

그렇다면 독일의 사례처럼 일본을 분할통치해야 하지 않을까 합니다.

네!

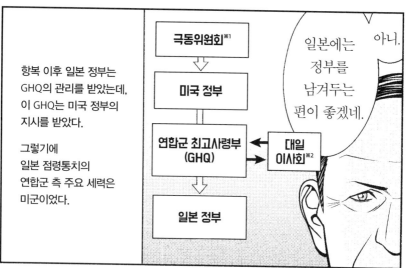

항복 이후 일본 정부는 GHQ의 관리를 받았는데, 이 GHQ는 미국 정부의 지시를 받았다.

그렇기에 일본 점령통치의 연합군 측 주요 세력은 미군이었다.

극동위원회※1

↓

미국 정부

↓

연합군 최고사령부 (GHQ) ← 대일 이사회※2

↓

일본 정부

아니. 일본에는 정부를 남겨두는 편이 좋겠네.

※1 일본 점령통치에 관한 연합군의 최고 결정기관
※2 GHQ에 조언을 주는 연합군 측 합동이사회

역시 일본 국민을 통치하기 위해서는

천황제가 필요하네.

항복 문서 조인을 거부하던 일본이 천황의 결단 하나로 포츠담 선언에 따라 의아할 만큼 빠르게 항복했어.

1945년 9월 27일 쇼와 천황은 맥아더와의 회담을 위해

측근 몇 명을 데리고 미국 대사관으로 향했다.

아카사카 미국 대사관

회담 시작 전에 두 사람이 나란히 찍은 사진이 이틀 뒤, 신문에 게재되면서 일본 국민들은 충격에 빠졌다.[3]

쇼와 천황

※3 당시 천황은 일본인에게 있어 신에 비견되던 존재. 맥아더 앞에서 취한 서양식 의복 차림과 겸손한 자세는 일본인 입장에선 굴욕이었던 셈

126

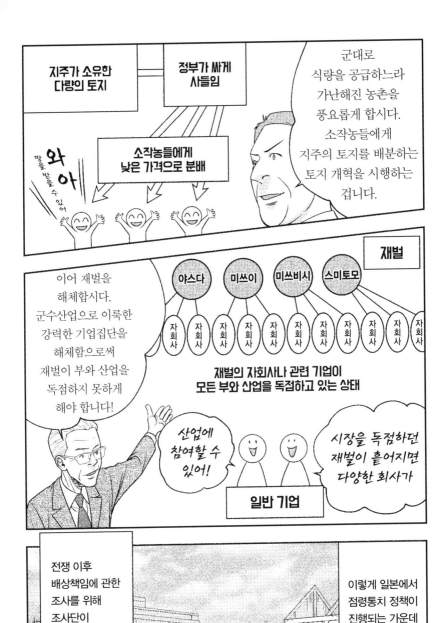

딸깍
딸깍

패전국 배상책임의 조사를 담당한 폴리는 조사결과를 보고서로 정리했다.

제대로 조사해야겠소.

전쟁의 배상책임을 어떻게 일본에 지울 것인지

에드윈 폴리
연합군 배상위원회

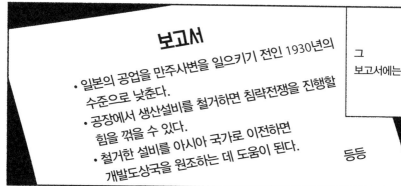

보고서

그 보고서에는

- 일본의 공업을 만주사변을 일으키기 전인 1930년의 수준으로 낮춘다.
- 공장에서 생산설비를 철거하면 침략전쟁을 진행할 힘을 꺾을 수 있다.
- 철거한 설비를 아시아 국가로 이전하면 개발도상국을 원조하는 데 도움이 된다.

등등

맥아더 사령관님께 워싱턴에 철회해달라고 합시다.

이건 너무 지나치오.

일본의 재건이 힘들어진다!

GHQ

이렇게 되면…

새, 생산설비를 철거하다니 …!?

일본 정부

한편 일본 정부도 스스로 새로운 정치체제를 만들기 위해 신헌법을 고안하고 있었다.

GHQ와 일본 정부의 압력으로 폴리 안은 기각되었다.

일본 정부가 제출한 신헌법안 보았나?

아아! '마이니치 신문'에서 특종으로 보도한 기사 잖아요.

이런 와중 한 사건이 일어나는데…

1946년 2월 1일

우리 손으로 신헌법안을 만드는 수밖에 없겠어…!

허, 이대로면 전범국인 일본은 영영 변하지 않겠네.

이 헌법안은 침략 전의 『일본제국 헌법』과 크게 다르지 않습니다.

사령관님, 일본 정부는 공표하기 전까지 비밀로 하고자 했던 것 같습니다만,

코트니 휘트니
준장·민정국장

129

예, 알겠습니다 …!

• **천황을 원수로 할 것**
• **전쟁 포기**
• **봉건제 폐지**

헌법안에는 다음 세 항목을 넣도록!

휘트니 준장, 신헌법안을 작성하시오.

참고로 이 신헌법안 작성 위원 중에는 여성도 있었다.

제군들, 힘내보자고!

이후 민정국 위원들은 밤낮없이 작업해 불과 열흘도 지나지 않아 신헌법안을 만들었다.

음… 좋은 안이라면 반영하게나.

일본의 신헌법안에도 괜찮은 조항이 있습니다만.

일본의 여성들을 위해…!

신헌법에 남녀 평등 조항을 추가하고 싶어.

베아테 시로타 고든※

※ 맥아더 참모진의 일원으로 5살 때부터 약 10년간 일본에서 성장한 인물.
당대 서방보다 일본 여성의 사회적 지위가 낮다는 사실을 깨달음

130

이렇게 작성한 신헌법안을 전달하기 위해 휘트니는 당시 외무대신이었던 '요시다 시게루'의 관저를 방문했다.

외무대신 관저

요시다 시게루
외무대신

흠, 그대들이 제시한 신헌법안은 인정하기 어렵소.

맥아더 사령관님께서는 일본 국민에게 자유롭고 민주적인 헌법이 필요하다고 판단하셨소.

여기, 우리가 작성한 신헌법안이오.

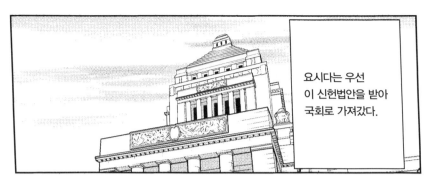

요시다는 우선 이 신헌법안을 받아 국회로 가져갔다.

저, 전쟁 포기는 찬성하지만 무장 자체를 금지한다뇨 …!

앞으로 어떻게 나라를 지켜나가야 할지…

시데하라 기주로
내각 총리대신

민주적인 헌법은 찬성입니다.

그러나 …

포츠담 선언에 따르면 우리 민족을 노예로 삼거나 하나의 국가로서 파괴하지 않겠다고 했습니다. 그런데 이는 점령국의 강요이지 않습니까…!?

찬성 측

일본자유당 일본진보당 일본사회당

GHQ의 신헌법안은 일본 국내에서 다양한 논란을 일으키고 정치가·관료·학자 사이에도 큰 논쟁을 불러일으켰으나, 끝내 일부 수정을 거친 뒤 공포되었다.

전쟁을 지지한 천황제의 폐지를 요구한다!

이 헌법안에 절대 반대한다!

반대 측
일본공산당

전 내각 총리대신 '도조 히데키' 등 28명의 전쟁범죄를 심판하기 위함이었다.

일본 내부가 헌법 논쟁으로 요동치는 가운데,

1946년 5월 연합군에 의해 '극동국제군사재판 (도쿄전범재판)'이 열렸다.

일본인이 잘못을 깨닫게 해야 해…!

전범 재판을 통해

더글러스 맥아더

재판은 약 2년 반 동안 이어져

도조 히데키를 포함한 7명은 사형을, 나머지 18명은 종신형 또는 기한부 금고형을 선고받았다.

그렇게 하면 천황 폐하께 피해가 가는 일은 없을 거요.

책임의 소재는 육군 간부들에게 넘깁시다.

침략 사실은 인정하되

우리 정치가와 관료는 살아남을 수 있습니다.

미국의 방식에 토 달지 않으면…

무엇보다 학문적이어야 하니 군국주의적인 내용을 없애자. 그리고 민중의 역사를 담는 거야.

그렇지?

흠, 이들의 역사 교과서도 바꿔야겠어.

이어 GHQ는

이 교과서는 신화시대부터 기술하던 전쟁 이전의 교과서와는 다르게, 석기시대부터 기술하는 식으로 분명한 차이가 있었다.

나라의 발걸음 上

문부성

1946년 9월 교과서 『나라의 발걸음』※을 펴냈다.

※ 국정교과서「くにのあゆみ」을 말함. 군국주의적인 메이지 시대 교과서와 다르게 민주적이고 과학적인 역사를 담아냄

와

와

일본국 헌 법 공포 기념 축하

마침내
1946년 11월 3일
『일본국 헌법』※이
공포되었다.

사람들은
신헌법을
희망적으로
맞이했다.

※ 쇼와 천황에 의해 공포됨. 「일본국 헌법」에서는 천황을 '국가와 국민 통합의 상징'으로 규정함

제9조

…국제분쟁을
해결하는 수단으로써
국권이 발동되는
전쟁과 무력에 의한
위협 또는 무력 행사를
영구히 포기한다.

이제
더 이상의
전쟁은
싫어.

이제 하고 싶은 말을 할 수 있어.

제19조
사상 및 양심의 자유를 침해해서는 아니 된다.

제21조
집회, 결사 및 언론, 출판 그 외 일체의 표현의 자유를 보장한다.

제14조
모두 국민은 법 아래에 평등하며, 인종, 신념, 성별, 사회적 신분…에 의해 …차별받지 아니한다.

신분과 성별에 따라 차별받는 건 이상했어 …!

영화감독 '이타미 만사쿠'는 수필을 통해 전쟁 책임에 대한 의견을 밝혔다.

"많은 이들이 이번 전쟁에 속았다고 한다. 모두가 입을 모아 속았다고 한다.

내가 아는 범위에서는 '내가 다른 사람을 속였다'라고 말한 사람은 아직 한 명도 없다."※

그러나… 동시대 사람들의 모습을 불안해하는 사람도 있었다.

※ 伊丹万作, 「戦争責任者の問題」, 「映畫春秋」, 1946.8

※1 임금 안정, 물가 통제, 무역 개선 등 일본 경제의 안정을 위한 아홉 가지 정책
※2 정부의 지출이 수입과 같은 재정 상태

식량이 부족한 데다,
극심한 인플레이션으로
물건값이 급격히 올라
국민들은 고통스러워했다.

이 무렵
일본의 경제 상황은
매우 불안정했다.

이 원칙의 목적은
• 균형재정※2의 실현
• 금융기관의 융자 억제
• 세금 징수의 강화
• 임금의 억제
등을 실시해 인플레이션을
끝내는 겁니다.

조지프 모렐 닷지
GHQ 재정고문

미국의
재정금융전문가
'조지프
모렐 닷지'가
'경제 9원칙'※1을
내걸고 일본을
방문했다.

1949년 2월
일본의 경제를
되살리기 위해

GHQ는
일본 측에
구체적인
경제 긴축정책인
'닷지 라인'을
실시하도록 요구했다.

하나의 환율을
모든 상품의
수출입에
적용한다는
말씀입니까?※3

그럼 우선
'1달러=360엔'
으로
엔화의 가치를
고정하세요.

이케다 하야토
대장대신

※3 쉽게 말해 상품을 낮은 환율로 사들이는 제도. 당시 경제 상황이 좋지 않던 일본은 미국 등의 지원품을
낮은 환율로 사들임. 미국은 일본이 단일환율제도로 변경함으로써 자립하기를 원함

※4 당시 GHQ와 일본 정부가 설립한 금융기관. 장기간이 소요되는 산업인 경우,
　　일반 금융기관에서 융자를 받기 어려워서 필요한 자금을 정부가 전액 출자해줌

닷지 라인에
따른 결과
인플레이션은
억제되었지만,
일본의 경제 활동은
급속히 얼어붙었다.

하지만
정부의 보조금이
없으면
민간기업은
살아남을 수 없지
않을까요…

덧붙여
모든 보조금과
부흥금융금고※4를
폐지해
정부의 지출을
줄임으로써
재정을 흑자로
돌리시죠.

『일본국 헌법』 제정,
극동국제군사재판,
교육 개혁과
경제 정책 등

전쟁이 끝난 뒤
일본의 재건은
GHQ, 즉 미국의
주도로 이루어졌다.

… 아아.

일본에도
민주화가
진행되고
있군요.

그렇게 일본은
제2차 세계대전 이후
국제사회에서
미국 주도의
서방 진영으로
들어갔다.

하지만
…

당시
한반도는
불안정한
상태였다.

지금은
한반도가
문제
입니다.

해리 트루먼
미국 대통령

이때
일부 부대를
한반도에까지
배치했는데,

제2차 세계대전
종전 직전인
1945년 8월,
소련군이 일본군을
상대로 참전해
만주로 침입했다.

이 움직임을
알게 된 미국은

북위
38도선

북위 38도선을 경계로
분할통치를 제안했고
소련도 이에 동의했다.

앗
앗

소련의
한반도 점령을
막아야 해!

140

남쪽은 미국이
분할통치하게
되었다.

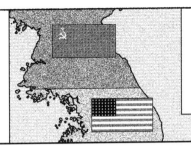

그 결과
한반도는
북위 38도선
북쪽은 소련이,

한국인들이
일본으로부터
해방된 기쁨에
열광하는 가운데

우리
민족의 땅이
우리의 품으로
돌아왔습니다.

드디어

와
와

여운형

우리는
이제
빛을 되찾았
습니다.

새로운 국가의
건설을 위해
먼저 움직인 쪽은
민족주의를
내세우는
독립운동가,

여운형이
이끄는
'조선건국
준비위원회'
였다.

그렇게 1945년 9월 6일 여운형의 주도 아래 전국인민위원회 대표자회의가 개최되었다.

조선인민공화국의 수립을 선포합니다!

한반도 남부를 통치하던 미군정은 이 말을 듣고

조직원 중에 공산주의자가 있는 조선건국준비위원회의 선포를 인정하지 않았다.

그런 공산 국가 따위는 인정할 수 없다!

아치볼드 빈센트 아널드 군정장관

국민 여러분, 우리는 미국과 협력해 새로운 국가를 건설해야 합니다.

그러던 중 한 남자가 하와이에서 귀국했다.

미국에서 공부한 이승만은 미국의 정치인과 친한 데다, 공산주의를 강력히 반대해서 미국은 그를 지원했다.

저 또한 미국에서 조선의 독립을 호소해 왔습니다.

이승만 대한민국 임시정부 초대 대통령

142

그것은 바로 1945년 12월에 개최된 '모스크바 삼국 외상 회의'였다.

이처럼 다양한 인물이 건국 운동을 벌였지만, 이들의 앞은 큰 장벽이 가로막고 있었다.

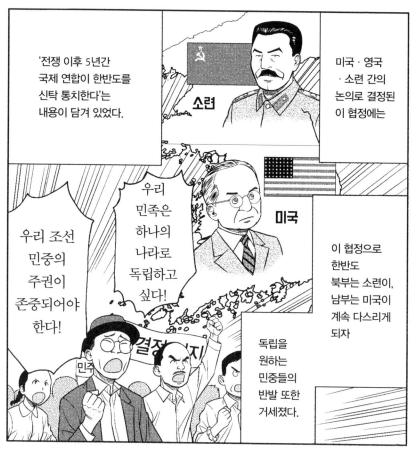

'전쟁 이후 5년간 국제 연합이 한반도를 신탁 통치한다'는 내용이 담겨 있었다.

소련

미국 · 영국 · 소련 간의 논의로 결정된 이 협정에는

우리 민족은 하나의 나라로 독립하고 싶다!

미국

우리 조선 민중의 주권이 존중되어야 한다!

이 협정으로 한반도 북부는 소련이, 남부는 미국이 계속 다스리게 되자

독립을 원하는 민중들의 반발 또한 거세졌다.

결정

1949년 6월
김구 암살

1947년 7월
여운형 암살

탕

그렇게 이승만에게
반대하던 두 사람은
암살당했다.

자주독립을
외친 운동가
김구,

같은 민족인
남과 북의
통일국가를
지향했던
여운형과

양국의 배후에는
각각 미국과
소련이 있었기에
한반도에는
분단 이후로도
불안정한 상태가
이어졌다.

조선민주주의
인민공화국
(북한)

통일을 바라는
목소리가 한층
수그러든
1948년 8월15일
남부에는
'대한민국'이

9월 9일
북부에는
'조선민주주의
인민공화국
(북한)'이
수립되었다.

대한민국

한반도의
분단은
이렇게
확립되었다.

서로 무력으로까지 충돌하며 계속 전투를 벌여온 양당 이었으나,

연합 정부를 제안 합니다!

아니… 우리도 피를 흘렸 습니다.

일단 국민대회를 열어 헌법을 제정하고 국민당 중심의 새로운 정부를 수립합시다.

저… 양당의 주장은 알겠습니다만, 여기서는 논의를 합시다!

…!

…!

2개월에 걸쳐 진행된 '쌍십 협정'에서의 논의를 통해 평화적인 건국과 자유롭고 민주적인 국가 건설에 합의했다.

天下爲公

※ '천하위공'. 천하는 모든 이들을 위한 것이라는 뜻으로 중국의 국부 '쑨원'의 좌우명으로 유명함

또 미국에서 군사 충돌을 중재하기 위해 장군 '마셜'을 특사로 파견하면서 군사 지도자로 구성된 3인 위원회가 출범했다.

조지 마셜
장군 · 훗날 국무장관

1946년 1월 국민당과 공산당의 호소로 새로운 정치체제를 만들기 위해 정치협상회의가 개최되었다. 여기에는 무소속 문화인들까지 포함되었다.

이때 국민당과 공산당 사이의 다툼을 방지하기 위해 정전협정이 맺어졌다.

예상대로다. 중국 대륙에 민주적 강대국이 들어서는 것이야말로 우리 미국의 바람…

참 나, 국민정부위원회 구성원 절반은 국민당 출신이 아닌 것 같더군.

그러나 마오쩌둥은 믿을 수 없는 자야!

제길, 이래서는 공산당에 정권을 빼앗기겠어!

일부 국민당 소속 사람들

공산당도
이에 응전했다.

이렇게
중국 각지에는
양당 간의 싸움이
재개되었다.

국민당
놈들!

탕
탕
탕
탕

쏴라!

결국
불만을 품은
일부 국민당
소속 인사들이
공산당에
싸움을 걸자

반면 공산당군은
일본군이 두고 간
무기로 전력을 보충해
대항했다.

국민당 정부군은
미국의 지원으로
막강한 전력을
가지고 있었다.

훗,
우리와 같은
사상을 가진
공산당이
승리해야 해
…

당시 만주는 소련이 점거하고
있었는데, 소련은 공산당군이
일본군이 남기고 떠난 무기를
사용하는 것을 묵인했다.

경제와 치안은
불안정해졌다.

전쟁 전에
소 한 마리는
살 돈이
지금은
달걀 한 개
값이라
니까요.

여보, 또
물건값이
올랐어요.

계속되는
내전으로
중국 대륙의

베이징에서
미군이 여학생에게
난동을 부렸다는
이야기도 있어.

월급 인상을
요구한 노동자가
경찰에 끌려갔대.

미국 제품
뿐이잖아
…!

US US US US US

국민당 정권은
자유시장 정책을
펼쳤는데,
외국산 물품의
수입량이 늘어나
무역적자가 발생하자
이를 메꾸기 위해
화폐를 찍어냈다.

결국
화폐의 가치가
떨어지면서
극심한
인플레이션이
발생했고

그렇게
민심은
국민당에게서
멀어져 갔다.

너무
해!

아침
저녁으로
가격이
다르다니!

50위안
100위안

152

국민당에 대한
반발이 커지면서
반정부 시위가
확산되자 국민당은
이를 강하게 단속했다.

돌아가!
여긴 지나갈
수 없다!

와

반대

국민당
반대!

퍼 펑

와아

한편 미국은
내전에 군사적으로
개입하진 않았으나,
국민당 측에 거액의
자금을 원조했다.

알겠
습니다.

약속한
무기요.

끼익

이렇듯 미국이
자금을 원조한 이유는
제2차 세계대전이 끝나고
국민당 정권의 중화민국이
아시아의 안정을 위해
꼭 필요한 존재라는
사실을 인식했다는 점과
이들이 지닌 거대한 시장에
매력을 느꼈던 점에 있었다.

US

US US

이대로면 우리 군은 전멸하고 말 겁니다!

공산당 지도부

지금 당장 반격 명령을!

역시 군사력으로는 국민당을 이길 수 없는 건가…

병사 수만 3배 이상 차이가 나고 미국의 지원까지 받고 있으니…

아니…

지금은 인민의 지지를 얻을 방법을 생각해 보자.

전투에서 승리하는 것만이 정답은 아니다.

마오쩌둥

그러나 정책이 너무 급진적 이었기 때문에

급진적인 정책을 멈추고 본래의 온건 정책으로 선회했다.

이로써 농민들은 다시 공산당을 지지했다.

공산당은 농민들의 지지가 줄어들자

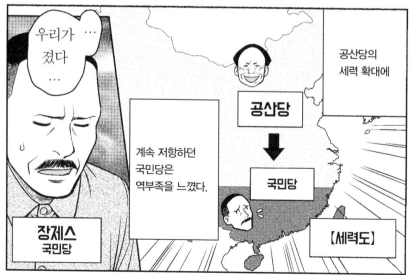

계속 저항하던 국민당은 역부족을 느꼈다.

공산당의 세력 확대에

공산당

↓

국민당

【세력도】

장제스
국민당

국민당과
공산당 사이에
벌어진 내전은

결국
공산당의 승리로
마무리되었다.

중화인민
공화국의
수립을
선포한다!

1949년 10월
공산당은
베이징에서
중화인민공화국
(중국)의 수립을
선포했다.

일단
타이완
섬으로
철수하자.

흑
분합 …
니다.

같은 해 12월
중국 대륙에서 철수한
국민당은 정부조직을
타이완 섬으로
옮겼다.※
(국부천대)

※ 타이완 섬은 일본의 식민 지배를 거쳐 1945년 10월부터 국민당 정권이 통치함

이로써 중국은 동서 냉전의 동방 진영으로 들어갔다.

그리고 1950년 2월 중국과 소련은 '중소우호동맹 상호원조조약'을 맺었다.

중국 베이징

들자 하니 공산당은 소련처럼 다스리겠다는 건가?

새로운 정치를 기대하고 싶어~!

새로운 정당의

우리 옆 회사 사장도 재산을 챙겨서 홍콩으로 도망갔다더군.

하아

어째서 홍콩으로?

엥?

뭐 그렇겠지?

나라에서 부자의 재산을 몽땅 거둬들인대.

와하하

뭐, 우리 같은 가난뱅이들과는 상관없는 일이지.

홍콩은 영국의 식민지[※]니까 공산당도 손댈 수가 없잖아!

홍콩

그렇 구나.

초기에는 마오쩌둥이 사회주의 정책을 서두르지 않았기 때문이다.

실상 민중들은 국민당에서 공산당으로 지배 세력이 바뀌어도 큰 혼란은 없었다.

※ 당시 홍콩의 홍콩 섬과 구룡 반도는 영국에 영구 할양돼 있었음

우리는 소련 진영에 소속돼 있지만

우리나라에서 사회주의를 실현하는 일은 먼 훗날일 것이다.

그는 우선 민중의 지지를 얻기 위해 토지 배분이나 남녀평등 등의 정책을 추진했다.

159

미국은 중국 대륙에 새로운 정부가 들어서자 공산당과 국민당 중 어느 쪽을 지지할지 결정하지 못했다.

블레어 하우스
미국

중국
(중화인민공화국)
마오쩌둥

대만
(중화민국)
장제스

이런
…

중국
대륙에

중국과 대만
두 개의
정권이
생겼습니다.

딘 애치슨
국무장관

흠…
우선할 쪽은
대륙
입니다.

해리 트루먼
대통령

중국을
인정
했습니다.

대통령님,
영국은
홍콩을
잃을까 봐

일단은…
함께
나아가야
겠지요.

대만은
어떻게
할까요?

교섭을 하면
소련에게서
떼어 놓을 수
있을지
모릅니다.

마오쩌둥은
사회주의
확립을
후순위로
미루었다고
하니

160

가파른 물가 상승 외에도 차별적인 대우로 인해 타이완 원주민들이 강하게 반발하면서 반정부 봉기를 일으킨 것이다.※

국민당 정권이 들어선 타이완 섬은 불안정한 정국을 맞이했다.

※ 1947년 2월 28일에 일어나 '2·28사건'이라고 함

대만 총통부

그렇게 1950년 3월 장제스는 대만 국민당 정부의 총통으로 취임했는데…

총통님, 이대로는 국가가 안정되지 않습니다.

미국에 지원을 요청하시는 것이…

그건 어렵다.

장제스 총통

대만이 어려운 국면을 맞이하고 있는 이때,

이 모든 것을 뒤흔드는 한 사건이 일어났다.

어느 쪽이 미국과 서방진영에 이득이 될지…

트루먼은 마오쩌둥과 나를 저울질하고 있어.

즉시
유엔군을
조직해!

이건
동방 진영의
세력
확장이다!
받아들일 수
없어!

중국이
동방 진영에
가담한 지금,
한국까지 내줄
수는 없다!

북한
군의
기습
이라고
!?

해리 트루먼
미국 대통령

그렇게 미국의
제안으로
유엔군※1 파병이
결정되었다.

미국은 급하게
안전보장이사회를
소집해 전쟁 중단을
호소했다.

※1 유엔군으로 불리나 엄밀히 따지면 다국적군에 가까움

만약 참석했더라면
거부권을 행사해
파병을 중단시켰을지
모를 아슬아슬한
상황이었다.

USSR ※2

이 무렵
소련은 중국 대륙의
대표부가 대만이라는
사실에 반발해 줄곧
안전보장이사회에
불참해 왔는데,

※2 소비에트 사회주의 공화국 연방(Union of Soviet Socialist Republics)

미군 중심의
유엔군과 한국군은

세계를 둘로 분열한
'냉전'은 한반도에서
격렬한 전쟁을 낳았다.

같은 해 9월
맥아더의 지휘로
인천에 상륙해
반격을 개시했다.
(인천 상륙 작전)

처음에는
북한군에 밀려
후퇴했으나,

북한군

유엔군
한국군

인천

그렇게
북한군은
중국 국경
근처까지
밀려났다.

북한군

유엔군
한국군

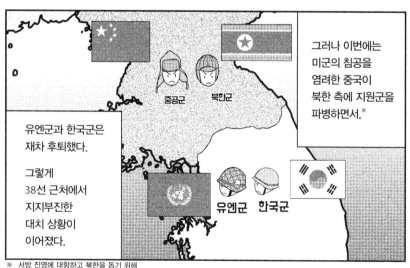

그러나 이번에는
미군의 침공을
염려한 중국이
북한 측에 지원군을
파병하면서,※

중공군   북한군

유엔군   한국군

유엔군과 한국군은
재차 후퇴했다.

그렇게
38선 근처에서
지지부진한
대치 상황이
이어졌다.

※ 서방 진영에 대항하고 북한을 돕기 위해
조직된 중국 인민지원군(중공군)을 말함

이제 중국은 우리의 적입니다. 대만에 원조 하겠다고 전하세요.

시간을 조금 거슬러 1950년 6월 말

미국 블레어 하우스

알겠 습니다.

한국이나 일본과 같이 대만 또한 자유세계의 방패가 되길 바랍니다.

해리 트루먼
대통령

한국 전쟁이 우리에게는 행운을 가져다줬구나.

미국이 군사 및 경제 원조를 재개한다고 전해왔다.

장제스
총통

대만 총통부

그렇게 대만은 미국의 원조와 함께 개혁에 성공하면서 1950~1960년대 눈부신 경제 성장을 이룩했다.

이후 1975년 대만 총통 장제스가 눈을 감았다.※

우선 토지 제도를 개혁해 농민과 경제를 되살리자!

그렇다 해도 민중의 지지가 중요하다는 사실을 깨달았다.

※ 총통 직위는 부총통 '옌자간'이 잠시 계승한 뒤, 장제스의 아들 '장징궈'가 물려받음

전쟁 이후 첫 경제 호황기를 맞이했다.

아~ 바쁘다 바빠!

한편 일본 역시

이렇듯 군수품 판매로 인한 호황기를 이른바 '전쟁 특수' 라고 부른다.

이보게들, 손은 움직여야지!

급여도 올랐어! 경제 호황이야, 호황!

한국 전쟁으로 다량의 물자가 필요해진 미국이 일본 물건을 척척 사주니까 경기가 좋구만!

본래는 한국 전쟁에
주일미군이 파병될 경우
치안을 유지할 목적으로
창설된 조직이었지만

여기에 일본은
미국의 지시로
'경찰예비대'를
창설했다.

훗날 세계정세가
급변하면서
'자위대'로 자리
잡게 되었다.

그렇게 일본은
1951년 9월 8일
샌프란시스코
강화 조약에서
미국 · 영국 등
48개국과

미국은
동아시아에서는
일본을 자유 진영의
주요국 중 하나로
만들기 위해 일본의
재건과 주권 회복을
지지했다.

평화 조약을 맺음으로써 제2차 세계대전 이후 상실한 주권을 회복하고 국제사회로 복귀했다.[※]

앞으로 우리 일본뿐만 아니라 전 인류가

협력과 진보의 혜택을 받길 기원합니다!

이는 미군이 일본의 안전을 지키고, 일본은 미군에게 주둔 기지를 제공한다는 내용이었다.

이날 미국과 일본 사이에는 '미일안전보장조약'이 체결되었다.

요시다 시게루
일본 총리

※ 이 회의에는 중국이 초대받지 못한 데다가, 미국과 영국 등 배상청구권을
포기한 국가들이 있어서 일본의 전후 배상이 가벼워짐

168

'휴전'은 '일시적으로
전쟁을 멈추는 일'로서,
전쟁 그 자체의 끝을
의미하지 않는다.

즉 한국 전쟁은 지금도
계속되고 있는 것이다.

한편
1953년 7월
한반도에서는
'휴전 협정'이
체결되었다.

한반도에서 발생한
3년간의 내전으로 인해
생이별한 가족만 해도
상당한 숫자였다.

그는
경제적으로는
미국의 원조를
받으며 자립을
추구했으나,

이런 가운데
대한민국의 이승만은
독재정치를 펼쳤다.

1960년
부정 선거를
일으키면서
학생과 시민들의
공분을 샀다.
결국 그는 뒤따른
4 · 19 혁명에 의해
해외로 망명하게
되었다.

공업과 농업 분야에 걸쳐 사회주의화를 추진했다.

소련과 동유럽 국가들의 원조를 받으며

한편 북한은 김일성의 일인 독재 체제 아래

김일성

우리는 한국 전쟁에 참전함으로써 서방 진영의 적이 되었다.

더 이상 서방의 원조를 받을 수도 없겠군.

주석 동지, 경제 상황도 큰일입니다.

우리 군의 사상자는 36만 명이나 됩니다…

한국 전쟁 에서 발생한

중국 베이징

마오쩌둥 주석

이렇게 된 이상, 계획과 통제다… 소련의 사회주의를 참고해 국력을 강화하자!

칫, 게다가 주변에는 적국뿐이다. 한가롭게 있을 수는 없겠어.

민중에 대한 통제를 강화함으로써 곤경을 극복하는 길을 택했다.

중국의 공산당 정부는 소련과 동유럽 국가들의 원조를 받고

자유주의 진영인 대한민국과 일본, 대만, 사회주의 진영인 중국, 북한으로

1950년대 동아시아는 냉전 체제 속에서

각자의 길을 걷게 되었다.

사회주의

북한

대한민국

일본

중국

대만

자유주의

171

제2차
세계대전 당시
아시아와
아프리카의
많은 지역은

영국이나
프랑스,
일본 등
열강들의
식민 지배를
받았다.

【제2차 세계대전 발발 당시의 세계】

열강의 식민지와
자치령 및 위임통치령

172

이렇듯 식민지를 지배하는 국가를 '종주국'이라 부른다.

제2차 세계대전 당시 식민지인들은 종주국에 징용되어 일하거나

상당수가 징병되어 전쟁터로 보내졌다.

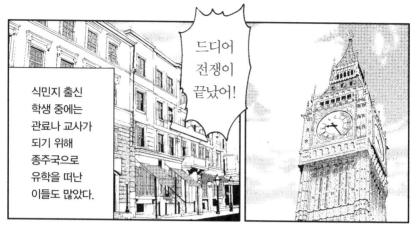

식민지 출신 학생 중에는 관료나 교사가 되기 위해 종주국으로 유학을 떠난 이들도 많았다.

드디어 전쟁이 끝났어!

전쟁이 끝났다는데 기쁘지 않아?

왜 그래? '은크루마'.

승리의 치얼스!

지금이야말로 식민지를 해방하고 서아프리카 사람들의 단결을 이끌어 내야 해!

이건 끝이 아니라 시작이야!

콰메 은크루마

콰메 은크루마는 1909년 영국령 골드코스트(가나)에서 태어난 인물이었다.

174

저, 저기… 죄… 죄송하지만 물 한 잔만 주실 수 있나요?

성인이 된 은크루마는 1935년 미국으로 건너가 링컨대학을 졸업하고 대학원에 진학했으나 그 생활은 곤궁했다.

미국 펜실베이니아

식민지인 고향에서 멀리 떨어진 미국에서조차 인종차별은 만연해 있었다.

무슨, 재떨이 씻은 물이나 마셔라!

THE AFRICAN INTERPRETER

【아프리카 통역사】

그렇게 은크루마는 유학시절에 겪은 경험을 토대로 정치에 눈을 뜨고 1942년 기관지인 「아프리카 통역사」를 창간했다.

이어 아프리카 대륙을 유럽 열강의 식민 지배로부터 해방시키기 위해 전 세계의 아프리카계 사람들에게 단결해 줄 것을 호소했다.

다들
「유엔 헌장」
이야기
들었어?

아아,
…?

대강은

새로 창설된
국제 평화기구의
규범과 이념을
정리한 거잖아.

맞아!
그 안에
'민족자결'
이라는 이념이
적혀 있어.

수많은
아프리카 민족에게
자신들의 일을
스스로 결정할 권리가
있다고 국제사회가
인정한 거지!

지금이
야말로
움직일
때야!

우리 모두
힘을 합쳐
자치권을
얻어 내자!

이건
우리뿐만
아니라

열강의
식민 지배를
받는 모든
이들을 위한
투쟁이야!

오옷

176

영국에서 유학 중이던 은크루마는 1945년부터

동지들과 함께 아프리카 식민지의 독립을 지향하는 활동을 했다.

알고 있나? 10월 파리에서 열릴 세계노동조합회의에 아프리카의 새로운 노동조합도 참가한다 하더군.

'패드모어'는 트리니다드 토바고 출신으로

소련으로 건너가 코민테른※에서 활동하다 추방돼 언론인으로 활동했다.

조지 패드모어

※ 소련 주도의 국제 공산당 지원 조직

그럼 우리도 그곳에서 아프리카 식민지의 해방과 독립을 호소하는 회의를 열면 어떨까?

그거 괜찮군. 우리 활동을 세계에 어필할 수 있겠어!

조모 케냐타

조모 케냐타는 케냐 출신 정치인으로 1920년대부터

동아프리카의 정치 조직인 키쿠유 중앙연합에 참가해 영국 정부에 토지 문제를 호소하는 등 정치 활동을 하고 있었다.

그렇지! '범아프리카 회의'를 한 번 더 개최하자고!

아프리카의 목소리를 전 세계에 알리자!

좋네!

노동조합 외에도 학생과 같은 대중에게 호소하는 민중 운동을 진행하는 거야.

'범아프리카 회의'

그 시작은 1900년 영국 런던에서 개최된 최초의 범아프리카 회의였다.

그 이후로도
범아프리카 회의는
1919년부터
네 차례 개최되었다.

당시
아프리카 출신
흑인들은
아프리카계 미국인
'듀보이스'와 함께
인종차별에 대한
반대를 호소했는데,

**윌리엄
듀보이스**

그리고
1945년
10월

아프리카
사람들의
손으로
아프리카를
되찾자!

지금 당장
아프리카
민족에게
자결권을
달라!

영국 맨체스터에서
개최된 제5회
범아프리카 회의에는
아프리카계 노동조합과
각지의 노동자들이
참가했다.

이 회의를 통해
제각기 다른 상황에
처해 있던 흑인들은
'아프리카'라는
큰 차원에서
단결해야 한다는
사실을 실감했다.

아프리카의
조국으로 귀국한
젊은 리더들은

우리에게
자치권을
달라!

음!

그리고
회의 이후

동일한
임금을
!

유럽인
노동자와
동일한
권리를!

아프리카 각지에서
일어난 파업 등의
항의 운동을 토대로
반식민지 운동을
조직했다.

1946년 세네갈

1947년~1948년
프랑스령
서아프리카 전역

와

아아

아

아

1945년
나이지리아

와아, 엄마
이 비스킷
맛있어 보여.

반식민지 운동은
아프리카 사람들에게
많은 영향을 미쳤는데…

영국령
골드코스트(가나)

영국이 자치권을 인정할 때까지 영국 제품은 안 사요!

뭐? 이 비스킷 영국 제품 아니에요!?

안 돼, 이건 사줄 수 없어!

그… 그렇긴 한데요.

수입품 불매 운동 등이 대표적이었다.

들었어? 같은 영국의 식민지였던 버마(미얀마)와 실론(스리랑카)은 독립했대.

이는 제2차 세계대전에 참전했던 전직 군인들에게까지 전파되어…

영국을 위해 싸우고 돌아온 우리에겐 독립은커녕 일자리조차 없다!

도, 돌아가지 못해!

어, 어이구 이놈들이!

영국인 총독을 불러와!

이로써 민중 운동이 격화되면서 은크루마는 체포당하게 되었다.

으악!

탕

흐아 아아!

1948년 경찰이 총독부를 향해 시위하던 전직 군인들에게 발포하는 사건이 일어났다.

그 말대로 은크루마는 독립운동을 멈추지 않았다.

이걸로 끝이라고 생각하나?

이제 시작이다!

네 놈이 주동자냐!?

... 큭

자치권은 일부분만 인정되자

영국이 새로 제정한 헌법에 따라 의회의 설치는 허용되었으나,

1950년 은크루마는 또다시 감옥에 갇혀 있었다.

그렇게 1951년 시행된 총선거에서 옥중에서 입후보한 은크루마와 그의 정당 동료들은 압도적인 지지율로 당선되었다.

그러나 옥중에서도 화장지에 적은 지시서를 동료에게 건네 독립운동을 지원했다.

이번 선거전에서 활용해.

은크루마는 이를 비판하는 파업을 벌였고 다시 체포된 것이었다.

이윽고 은크루마를 수반으로 하는 정권이 탄생했다.

해냈어 은크루마!

믿을게 너만

끝내 영국 측은 은크루마를 석방했고

이후 은크루마 정권은 경제 발전과 교육 제도, 생활 환경 등을 정비하면서

민족자결을 쟁취하기 위한 독립운동을 이어갔다.

독립은 아직 멀었다…

우린 아직 영국 정부의 지배를 받고 있어.

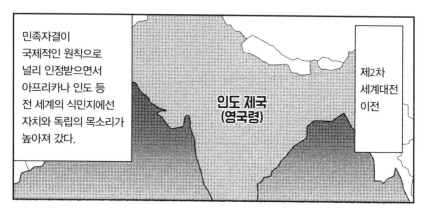

민족자결이
국제적인 원칙으로
널리 인정받으면서
아프리카나 인도 등
전 세계의 식민지에선
자치와 독립의 목소리가
높아져 갔다.

인도 제국
(영국령)

제2차
세계대전
이전

종주국의
식민 지배로부터
해방되길 원하는
식민지의 교섭과 투쟁은
제2차 세계대전 중에도
계속되었으니…

이에 제국주의
열강으로서
패권을 쥐고 있던
영국과 프랑스는
자신들의 지위를
유지하고자
계략을 꾸몄다.

우리에게
독립을!

1942년
인도

Quit
India

마하트마 간디

184

걱정 마십시오. 영국의 지배에서 독립하고 싶다 해도, 그쪽 사람들은 힌두교 신자가 아닙니까?

간디 쪽 사람들이 잡혔다던데?

한편 간디와는 다른 생각을 가진 이들도 있었다.

이들은 독립을 하더라도 힌두교 신자들과는 분리되고 싶었기에 간디가 이끄는 인도 국민회의와 대립했다.

그렇다. 간디에게 우리 무슬림들의 의견까지 결정할 권리는 없다!

바로 다수인 힌두교 신자와 다른 신앙을 가진 무슬림※들이었다.

무함마드 알리 진나
전인도 무슬림연맹 지도자

※ 이슬람교의 가르침을 믿는 사람들

진나는 1876년에 태어나 영국으로 유학을 떠난 뒤 변호사가 되어 인도로 돌아온 인물이었다.

무슬림은 무슬림끼리 뭉쳐야 한다!

진나 님의 말씀 대로다.

1906년경부터 정치인으로 활동하기 시작한 그는 인도 국민회의 일원으로서 간디와 함께 활동했지만,

1913년 소수파로 학대받던 무슬림들을 이끌고 인도 국민회의를 떠나 그들의 지도자로서 따로 활동했다.

간디, 나는 무슬림을 위한 나라를 세우겠다…!

무슬림과 힌두교 신자 사이에 갈등이 있다고?

호오…

인도 영국 총독부

좋아. 이걸 이용해 인도의 독립운동을 약화시키자.

갈등이 심해져 불안정한 틈을 타 우리 대영제국의 영향력을 다시 키울 수 있겠군요.

네!

빅터 호프
린리스고 후작 · 인도 총독

187

※ 영국은 인도 국민회의보다 세계대전에 협조적이었던 전인도 무슬림연맹을 지지함

종교 간의 이념 차이로 감정의 골이 더욱 깊어지면서 갈등은 점차 심해져 갔다.

뭐!? 지금까지 시달려온 건 우리 무슬림들이었어!

와아아아아

무슬림 놈들 꺼져라!

여기에

인도 캘커타 근처의 어느 마을

무슬림에게 집과 밭을 빼앗겼어요 …

흑흑 …

펀자브 쪽에서 도망왔어요.

인도 델리

아아, 어째서 서로 미워해야만 하는가 …!

그렇게 힌두교 신자와 무슬림 사이의 갈등은 더 극렬해져만 가고 있었다.

폭력은 폭력을 낳을 뿐, 그 무엇도 해결하지 못합니다.

우리는 하나가 되어 독립해야 합니다.

무슬림 녀석들, 용서하지 않겠어 …!

그러나 제2차 세계대전 이후 큰 타격을 받은 영국은 군사적으로나 행정적으로나 인도를 지배할 힘을 잃어 가고 있었다.

서파키스탄

인도

동파키스탄

결국 영국은 독립을 외치는 인도인들을 억제하지 못하게 되자, 1947년 인도 제국을 '인도'(힌두교)와 '파키스탄'(이슬람교)으로 분단하고 별개의 국가로 독립시켰다.

독립을 위해 많은 이들이 희생한 데다, 아직 나라가 혼란합니다.

마냥 좋아하고 있을 때는 아닙니다.

아아, 독립이라! 경삿날입니다!

예에~!

영국과 힌두교 신자의 지배로부터 벗어나 무슬림을 위한 자유로운 나라를 만들자…!

저는…
무슬림과
힌두교 신자의
화합을 기원하며
단식에
들어가겠습니다.

이 나라가
둘로 쪼개
졌어요.

바푸※
…

캘커타

※ 구자라트어로 '아버지(의 사랑)'을 뜻하는 말. 간디의 애칭 중 하나

파,
파키스탄!?
우리는…
이 마을에서
나고 자라지
않았소!

내일부터 이곳은
힌두교의 나라다!
무슬림은
파키스탄으로
꺼져버려!

인도 제국은
분단되었지만
그때까지 무슬림과
힌두교 신자가
어우러져 생활하던
지역이 많았기에

사람들은
혼란에
빠졌다.

부디,
힌두교와
이슬람교의
화합을
…!

독립 직후
각지에서 발생한
혼란으로 인해
인도와 파키스탄에는
대략 1천 5백만 명의
난민이 발생했다.

191

전하, 국민들이 파키스탄으로의 편입을 요구하며 폭동을 일으키고 있습니다.

흠, 나는 힌두교 신자이니, 카슈미르를 인도에 편입시킬까…? 그렇지만 국민 대부분은 무슬림인데…

하리 싱
카슈미르 번왕

인도
카슈미르 번왕국

그러나 간디의 바람과는 다르게 새로운 문제가 발생했다.

알고 있다!

인도와 파키스탄 어디에도 속하지 않고 독립을 유지할 방법은 없을까…?

독립 이후 인도와 파키스탄, 어느 쪽에 속할지는 각 번왕이 판단했다.

번왕국은 영국 강점기에 일부 자치권이 인정된 인도의 토후국으로

파키스탄 민병대가 국경을 넘어 카슈미르를 침공하는 사건이 발생했다.

펑
퍼퍼퍼퍼
탕 탕

하리 싱이 망설이던 이때,

무슬림 주민들이 폭동을 일으키고

인도는 카슈미르에 인도로 편입될 것을 조건으로 달아 군대를 파견했다.

이렇게 1947년 10월 제1차 인도-파키스탄 전쟁이 발발한 것이다.

아, 예!

여봐라! 당장 인도에 군사를 지원해 달라고 도움을 요청하라!

이에 네루는 급진적인 힌두교 의원들과 논쟁했다.

틀렸소! 힌두교 신자가 아니어도 우리 문화를 받아들이고 존중해야 하오!

우리 인도는 앞으로 종교에 좌우되지 않는 민주적인 나라가 되어야 합니다.

같은 나라였는데 전쟁이라뇨!

자와할랄 네루
인도 총리

인도 국회의사당

우리의 화합을 기원하기 위해 다시 단식에 들어가겠습니다.

우리 힌두교 신자들이 무슬림들에게 더 다가가야 합니다.

간디도 사람들에게 무슬림과의 대화를 호소했다.

모두와
다시 한번
논의해
보겠습니다
….

국회에서
'평화중앙
위원회'를
열어보지요.

하…
알겠
습니다.

무슬림에 대한
폭력을 금지하는
성명이
발표되었다.

마침내
1948년 1월 17일
국민회의 세력과
힌두교 급진 세력,
시크교 대표들의
논의를 거쳐

그러나
화합을
향한
발걸음을
내디딘
그 기쁨도
잠시…

하앗

!

델리 간디의 체류지

무슬림을 대하는 태도가 너무 관대하다는 것이 암살의 동기였다.

1948년 1월 30일 간디는 과격한 힌두교 급진 세력 일원에게 암살당했다.

아아, 의견이 다를 때도 있었지만

그가 존재했기에 나는 여기까지 올 수 있었다.

간디의 장례식

인도는 그 어떠한 종교 세력이나 동서 진영과 같은 사상 세력에 가담하지 않은 채로 나아가야 한다!

그는 종교와 정치가 서로 뒤얽혀서 죽고 만 거야 …!

그 이후 네루는 인도의 총리이자 외무장관으로서 국제사회에서 활약해 나갔다.

하지만 이들의 독립에는 영국을 비롯한 종주국들의 의도가 숨어 있었다.

레바논 (프랑스령)

시리아 (프랑스령)

지중해

트란스 요르단

팔레스타인 (영국령)

사우디 아라비아

이집트

【당시 열강의 위임통치령】

이 무렵 서아시아에서는 1930년부터 1950년까지 많은 나라가 독립을 이루었다.

아랍인과 유대인 사이의 갈등이 격해지고 있는 모양이던데요.

흠, 요즘…

1930년대 런던 자치령 장관 사무실

말콤 맥도널드[1]
영연방 자치령 장관

※1 당시 영국의 위임통치령이었던 팔레스타인을 관리함

유대인들은 야훼께 약속받은 땅이라면서 팔레스타인에 자신들의 국가를 세우려는 것 같습니다.

네,

음 …

시오니즘[2] 운동이로 군요.

※2 「구약성서」에서 이스라엘 민족이 약속받았다고 전해지는 '가나안(팔레스타인)' 지역에 국가를 세우려고 하던 민족주의 운동

유대인의 팔레스타인 토지 매입을 제한하는 건 어떨까요?

장관님,

유대인이 팔레스타인에 이주하지 못하도록 막는 겁니다.

무엇보다 아랍인이 유대인을 탄압하는 나치 독일과 손잡지 않을까 걱정이군요.

1939년 영국 정부에서는 유대인의 토지 매입과 이주를 제한하는 「맥도널드 백서」를 채택했다.

과연! 계획을 준비하죠.

팔레스타인

그러나 제2차 세계대전이 일어나자 나치 독일의 박해를 피하기 위해 영국이 제한한 범위보다 더 많은 유대인이 팔레스타인에 이주하게 되면서

아랍 국가들이 반발하기 시작했다.

이에 영국은 어느 쪽의 요구도 수용하지 못하고 모호한 태도를 취하게 되었다.[3]

유대인

※3 영국은 팔레스타인이라는 하나의 지역을 두고 아랍인(맥마흔 선언, 1916)과 유대인(밸푸어 선언, 1917)에게 각각 독립국을 세우도록 지원하겠다고 약속함

영국은 아랍인의 편을 들고 있으니 믿을 수 없다.

이제부터는 미국에 도움을 요청하자.

미국 뉴욕

1942년 5월 유대인에 대한 박해가 계속되는 가운데, 빌트모어 호텔에서 시오니스트※ 회의가 개최되었다.

이 회의에서 시오니스트들은 팔레스타인 전역에 유대인 국가를 건설한다는 '빌트모어 강령'을 결의했다.

다비드 벤구리온
훗날 이스라엘 초대 총리

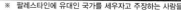

※ 팔레스타인에 유대인 국가를 세우자고 주장하는 사람들

우리 아랍 국가들끼리 서로 협력 합시다!

시오니스트 놈들의 횡포를 용서할 수 없소!

이에 아랍 국가들도 ...

이집트 알렉산드리아

제2차 세계대전 말인 1945년 3월, '아랍연맹'이 결성되었다.

이들은 팔레스타인의 독립과 아랍권 통일국가 건설을 목표로 삼았는데,

이집트

이라크

트랜스 요르단

레바논

사우디 아라비아

시리아

예멘

이러한 아랍연맹 설립의 배후에는 영국 정부의 뒷받침이 있었다.

그러나 영국이 아랍 국가들에 도움을 주자 일부 유대인 무장조직은

폭탄 테러다!

와악!

펑

팔레스타인에서 영국을 대상으로 빈번하게 테러를 일으켰다.

팔레스타인 영국 총독부가 머무는 킹 데이비드 호텔

이후 제2차 세계대전이 끝나자 패권국으로 대두된 두 나라, 미국과 소련은

유대인의 이민을 지원했다.

여기에 나치 독일의 유대인 학살 실상이 밝혀지면서 팔레스타인 문제는 국제적인 관심을 받게 되었다.

팔레스타인

유대인

이 문제는 유엔의 손으로 넘어갔다.

쏴아 쏴아

결국 종주국인 영국이 팔레스타인 문제에 손을 떼면서

팔레스타인 항구

기항을 허가할 수 없으니, 즉시 떠나시오!

유럽에서 불법으로 건너온 유대인 난민선 입니다.

1947년 7월 유대인 이주를 막기 위해 영국이 제한한 이민자 수보다 더 많은 불법 이민자들이 팔레스타인 항구에 도착했다.

기항은 허가할 수 없소…!

왜 쫓아내려 합니까!

여기는 우리 나라 입니다.

그렇게 유대인 난민 약 4,500명을 실어온 선박이 영국군에 의해 강제 송환되었다.

200

영국의 이미지는 국제사회에서 비인도적인 나라로 인식되기 시작했다.

프랑스에 내리길 거부한 난민들은 독일로 수송 되었습니다.

이에 시오니스트들은 영국군의 비인도적 행위를 비난했고

영국은 정말 너무하는군 ….

세상에!

그로부터 4개월이 지난 1947년 11월 유엔은 팔레스타인을

각각 유대인과 아랍인으로 구성된 두 개의 독립국으로 분할하고,

수많은 종교의 성지인 예루살렘을 국제관리하는 분할 방안을 결의했다.

유엔 회의장

201

팔레스타인 절반 이상을 유대인에게… 부당하다!

아랍연맹 측은 받아들이지 않았다.

이것으로 우리 이스라엘 민족 국가의 토대가 만들어졌다. 영토는 서서히 확대하면 될 일이지.

후후…

유대인 측은 유엔의 결의를 수용했으나,

아랍연맹

다비드 벤구리온

1948년 5월 14일부로 팔레스타인에서 철수한다!

지금 우리는 이 문제를 해결할 힘이 없다…. 앞일은 유엔에 맡기자.

클레멘트 애틀리
영국 총리

평화 분할은커녕 더욱더 피를 보게 되겠지…

영국이 철수하면 팔레스타인의 상황은 심각해질 거야.

해리 트루먼
미국 대통령

우리 손으로 팔레스타인을 되찾겠다!

무, 무슨 소리야!

이스라엘에 선전포고하면서 제1차 중동 전쟁이 발발했다.

그렇게 다음 날인 5월 15일 아랍연맹이

이듬해인 1949년 정전 협정이 체결될 무렵에는

그러나 이스라엘군은 군비 면에서 아랍군을 압도했기에

예루살렘

80%에 가까운 영토를 점령했다.

【제1차 중동 전쟁 이후】

이스라엘은 분할안을 웃도는, 팔레스타인의

예루살렘

아랍인 국가
유대인 국가
국제관리지역

【팔레스타인 분할안】

어째서 우리가 고향에서 쫓겨나야 하는 거야?

흑흑 …

이 전쟁으로 고향에서 쫓겨난 팔레스타인 난민이 1백만 명을 넘어선 반면,

1950년 이스라엘 의회는 전 세계의 유대인이 이스라엘에 거주할 수 있는 권리를 부여하는

『귀환법』을 제정했다.

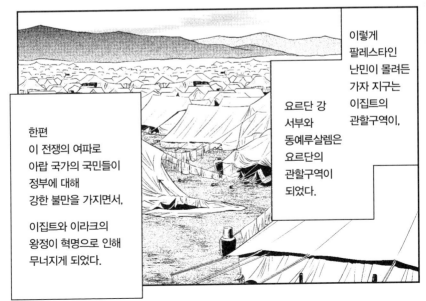

이렇게 팔레스타인 난민이 몰려든 가자 지구는 이집트의 관할구역이,

요르단 강 서부와 동예루살렘은 요르단의 관할구역이 되었다.

한편 이 전쟁의 여파로 아랍 국가의 국민들이 정부에 대해 강한 불만을 가지면서,

이집트와 이라크의 왕정이 혁명으로 인해 무너지게 되었다.

시선을 돌려 이 무렵 동남아시아의 프랑스령 인도차이나 연방에서는 …

1941년 '호찌민'이라는 인물이 프랑스와 일본의 이중 지배 체제※ 아래에서 베트남 해방을 호소하며

오 오 오 오

호찌민

베트남 독립동맹회 (베트민)를 조직하고 혁명을 일으켰다.

1890년 프랑스의 식민지였던 베트남에서 태어난 호찌민은

21살 때 화물선의 견습 요리사로 출국해 프랑스나 영국, 미국 등 세계 곳곳을 돌아다니다 정치 활동에 투신했다.

우리 베트남은 자유롭고 독립된 나라가 되었다!

그리고 1945년 9월 2일

호찌민은 베트남 민주공화국의 독립을 선언하고 국가 주석으로 취임했다.

동남아시아 최초의 사회주의 국가가 탄생한 것이었다.

베트남 하노이

뭐라고? 베트남이 독립을!?

종주국 프랑스에서는

그러나 이 소식을 들은

프랑스 파리

원주민들의 반란 놀이를 막아야 해!

베트남은 우리 프랑스의 식민지다! 식민지 따위가 자치권을 가지고 독립한다니!

샤를 드골은

샤를 드골
프랑스 임시정부 대표

1890년 프랑스에서 태어난 군인으로 제2차 세계대전 때 레지스탕스를 이끌고 나치 독일에 대항한 국민적 영웅이었다.

그는 전쟁 이후 프랑스 임시정부의 주석으로 취임했다.

음, 부탁 하네.

장 생트니

제가 호찌민과 이야기해 프랑스 연합의 자치국으로 만족하도록 해보겠습니다.

…

프랑스군이 베트남 남부에 주둔하는 건 인정하겠습니다.

그 대신 베트남을 독립국으로 승인해 주셨으면 합니다!

베트남 하노이

자세한 사항은 석달 뒤 프랑스에서 회의를 통해 결정합시다.

좋습니다. 베트남을 비롯한 인도차이나 연방을 독립국으로 인정하겠습니다.

베트남 민주공화국의 독립을 인정하는 '예비협정'이 체결되었다.

오오, 그럼 석 달 뒤에 프랑스에서 뵙겠습니다!

그렇게 1946년 3월 프랑스와 베트남 사이에는

뭐, 뭐라고!

약속이 다르잖아!

1946년 6월 프랑스는 베트남 남부에 괴뢰국인 코친차이나 자치공화국을 수립했다.

그러나 석달 뒤 호찌민이 프랑스로 떠나 잠시 자리를 비운 사이

호찌민은 프랑스에서 이 소식을 듣고…

코친차이나 자치공화국

1946년 12월
인도차이나
전쟁이
시작되었다.

그렇다면
철저하게
항전해
주마!

베트민
약 25만 명

VS

프랑스군
약 47만 명

프랑스군은
병력과 군비
양쪽 측면에서
베트민을
압도했다.

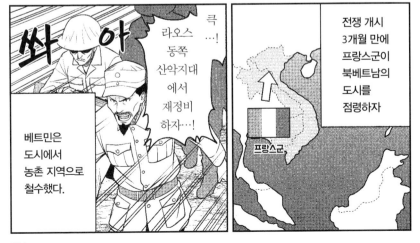

크
…!
라오스
동쪽
산악지대
에서
재정비
하자…!

베트민은
도시에서
농촌 지역으로
철수했다.

전쟁 개시
3개월 만에
프랑스군이
북베트남의
도시를
점령하자

프랑스군

프랑스는 코친차이나 자치공화국에 베트남 임시정부를 수립하고,

1949년 6월 베트남 응우옌 왕조※의 마지막 왕이었던 바오 다이를 원수로 삼아 괴뢰국인 베트남국을 세웠다.

바오 다이

※ 1945년까지 존재하던 베트남 왕조

모두 힘내라! 중국이 지원해 줬다!

근데 우리, 무기도 부족한데… 이제 어쩌지?

프랑스 자식들… 새로운 정부를 세우다니!

젠장!

베트남 북부 산악지대

1950년 1월 마오쩌둥은 같은 사회주의 진영인 베트민을 지원했다.

다행이야!

그게 정말입니까!?

1949년 10월 때마침 공산당 정권인 중국이 들어서면서,

같은 달 소련의 스탈린 역시 베트민을 유일한 합법 정부로 승인했다.

이건? 소련에서 보낸 무기 입니다!

베트남의 독립을 위해 지지 않겠다!

그러나 그들의 움직임을 위험하게 여긴 나라가 있었으니…

해리 트루먼 미국 대통령

아아, 중국에 이어 인도차이나 반도에까지 공산주의가 퍼지도록 내버려 둘 순 없지…

중국과 소련은 같은 사회주의 진영…

양국의 힘을 빌려 베트남을 해방하고

사회주의 혁명을 이룩하자!

인도차이나 전쟁은 점차 동서 진영 사이의 대립이라는 새로운 국면을 맞이하기 시작했다.

이윽고 미국이 프랑스군과 베트남국을 지원하면서

그러던 1954년 3월 베트남 북서부 라오스 국경 근처의 요충지인 디엔비엔푸에서 프랑스군과 베트민이 격돌했다.

약 2만 명에 달하던 프랑스군에 비해, 수적으로 열세였던 베트민 측은 56일간의 격전 끝에 승리에 이르렀다.

다닥닥다 두두두

베트남 북서부 디엔비엔푸

이 전투에서 프랑스군 약 2,200명이 전사하고 약 1만 명 이상이 포로로 잡혔다.

드디어…! 베트남은 독립했다!

호찌민 님! 해냈어요!

한편 전쟁이 한창이던 1954년 4월 제네바에서 '극동평화회의'가 개최되었다. (제네바 회담)

이 회의에서는 한반도 및 인도차이나 반도 문제가 논의되었는데,

인도차이나 전쟁에 한정해 휴전협정이 결의되면서 같은 해 7월 프랑스가 베트남에서 철수했다.

그러자 이번에는 미국이 공산주의를 봉쇄하기 위해 남베트남으로 진출했다.

북베트남 (베트남민주공화국)

북위 17도선

남베트남 (베트남공화국)

그렇게 베트남은 북위 17도선을 기준으로 남과 북으로 분할되었다.

소련

미국

북베트남

남베트남

이후로도 미국과 소련은 각 진영의 세력을 확대하고자

아시아와 아프리카의 독립운동을 지원했다.

이에 이들은 진정한 독립을 위해 서로 협력하는 길을 모색하기 시작했다.

인도차이나 전쟁이 한창이던 이때, 아시아·아프리카의 정치가들은 각국이 또다시 열강 사이의 경쟁에 휘말리고 있다고 느꼈다.

실론(스리랑카) 국제회의장

1954년 실론의 콜롬보시에서 개최된 '콜롬보 회의'에서는 남아시아와 동남아시아 정상들이 각국의 평화와 중립을 위해 다양한 문제를 논의했다.

이 자리에 모여 주셔서 감사합니다.

남아시아와 동남아시아 각국의 정상 여러분,

자와할랄 네루 인도 총리

아시아의 공산주의화를 막으려고 하고 있죠.

미국에서는 새로운 대통령 '아이젠하워'가 반공산주의 정책을 펴서

소련에서는 지난해 서기장 스탈린이 죽으면서 정국이 불안정해졌습니다.

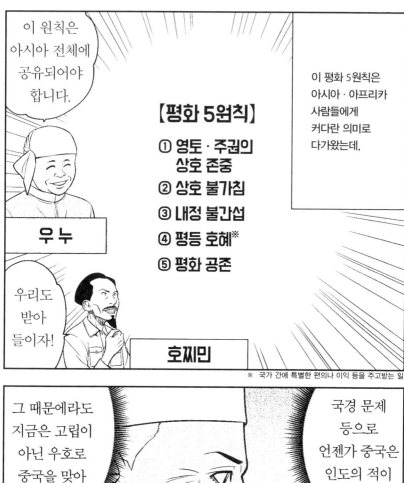

식민 지배에서
벗어나 독립하거나
냉전 체제에 반대하는
아시아와 아프리카의
수많은 국가들에
큰 영향을 주었다.

중국

인도

아시아의
두 대국이
대립을
극복하고
공존을
제시한 것은

과거
제국주의
열강에
침략당한
인도와 중국,

그리고 1955년
식민 지배에서
독립한
아시아·아프리카
29개국 대표와
많은 이들이 모여

인도네시아
반둥

'반둥 회의'를
개최했다.

여러분, 오늘은
기념비적인
날입니다.
유색인종인 우리가
국제회의를 열었기
때문입니다.

이제
제국주의
시대는
끝났습니다!

수카르노
인도네시아 대통령

협력 체제를 구축합시다.

평화 5원칙에 따라

저우언라이
중국 총리

우선 아시아와 아프리카가 일치단결 합시다.

코텔라왈라
실론 총리

아시아·아프리카 국가들의 유엔 가입을 승인하고 안전보장이사회에서의 발언권 역시 인정되어야 합니다.

모하마드 알리 보그라
파키스탄 총리

팔레스타인에 정의를! 남아프리카의 인종차별 철폐를! 아프리카 전체의 독립을!

새로운 세계를 만듭시다!

가말 압델 나세르
이집트 대통령

【평화 10원칙】
· 기본적 인권과 「유엔 헌장」의 존중
· 주권과 영토보전의 존중
· 인권과 국가 간의 평등
· 내정 불간섭
· 자위권 존중

회의는 뜨거운 열기에 휩싸이고 29개국 대표는

'평화 10원칙'을 채택해 공동 성명을 발표했다.

아아,

반둥 회의는 대단했어.

아프리카 은크루마 사무실

아시아처럼 공산주의의 힘을 빌려선 안 돼.

우리 아프리카 사람들의 힘으로만 발전해야 해.

하지만 방법은 …?

아시아 국가들도 독립했으니, 우리도…

패드모어

은크루마

음, 아프리카를 단결시켜 독립을 쟁취하자!

게다가 공산주의만으로는 한계가 있지.

앞으로는 범아프리카주의가 필요하다고 생각해.

맞아, 공산당도 전쟁을 일으켰잖아.

'비폭력'과 '불복종'이라는 슬로건을 내걸고 영국과 끈질기게 교섭했다.

가나의 독립운동을 이끈 은크루마는

우리 가나의 독립은

아프리카 전역의 해방으로 이어져야만 합니다!

은크루마 가나 대통령

패드모어 정치 고문

그렇게 1957년 가나는 영국으로부터 벗어나 독립을 맞이할 수 있었다.

이는 아프리카의 독립운동에 자극을 주어

1960년에 이르면 17개국이 독립을 이루어냈다.

세계는 이 해를 '아프리카의 해' 라고 부른다.

모든 아프리카가 힘을 합치면 우리 민족의 꿈인 독립을 쟁취할 수 있어…!

벨기에, 미국 등의 서방 진영이 광물자원이 풍부한 카탕가 주에 영향력을 남기고자 분리 독립을 지원하고,

그러나 1960년 벨기에로부터 독립한 콩고민주공화국에서는

콩고 정부 측에는 소련 등 동방 진영이 지원하면서 결국 내전이 발발했다.

제2차 세계대전이 끝나고 평화가 찾아오는 듯했던 세계는 자유주의와 사회주의라는 사상의 대립으로 새로운 불씨를 키우고 있었다.

콩고
민주공화국

주요참고도서·자료

【서적】

- 山川出版社, 『新世界史B』(개정판) / 『詳說世界史B』(개정판) / 『山川詳說世界史図錄』(제2판) / 『世界史用語集』(개정판)
- 岩波書店, 『革命とナショナリズム1925-1945<シリーズ中国近現代史 3>』/ 『蔣介石と毛沢東 世界戦争のなかの革命』/ 『世界史年表』(제3판)
- 勁草書房, 『冷戦史』
- 人文書院, 『フランス植民地主義の歴史 奴隷制廃止から植民地帝国の崩壊まで』
- 中央公論新社, 『アデナウアー 現代ドイツを創った政治家』/ 『世界の歴史28 第二次世界大戦から米ソ対立へ』
- 東京大学出版会, 『現代中国の歴史 両岸三地100年のあゆみ』
- 同文館出版, 『20世紀の国際政治 二度の世界大戦と冷戦の時代』(개정증보판)
- 名古屋大学出版会, 『国際政治史』
- 日本経済評論社, 『IMFと世界銀行の誕生 英米の通貨協力とブレトンウッズ会議』
- 山川出版社, 『世界歴史大系 ドイツ史 3』/ 『朝鮮現代史』
- 有志舎, 『イギリス帝国と帝国主義 比較と関係の視座』
- 有信堂高文社, 『国際連合成立史 国連はどのようにしてつくられたか』
- 有斐閣, 『国際政治史 主権国家体系のあゆみ』
- Palgrave Macmillan, 『A History of India』
- Panaf Books, 『Ghana: the autobiography of Kwame Nkrumah』
- Princeton University Press, 『A History of Palestine: from the Ottoman conquest to the founding of the state of Israel』
- 岩波書店, 『シリーズ東欧現代史2 ヤルタ会談と鉄のカーテン 何が東欧の運命を決めたのか』
- 大月書店, 『輪切りで見える! パノラマ世界史 ⑤ 変わりつづける世界』
- 紀伊國屋書店, 『原爆から水爆へ 上 東西冷戦の知られざる内幕』
- 慶應義塾大学出版会, 『中歴史としての冷戦 力と平和の追求』
- 講談社, 『華人民共和国誕生の社会史』
- 小学館, 『日本大百科全書』
- 同文館出版, 『冷戦史 その起源・展開・終焉と日本』
- 東洋書林, 『スパイの歴史』
- 名古屋大学出版会, 『グローバル冷戦史 第三世界への介入と現代世界の形成』
- 日本放送出版協会, 『「NHKスペシャル」朝鮮戦争 分断38度線の真実を追う』
- 白水社, 『過去の克服 ヒトラー後のドイツ』/ 『ヤルタからヒロシマへ 終戦と冷戦の覇権争い』
- 平凡社, 『世界大百科事典』
- 山川出版社, 『詳說世界史研究』/ 『世界史B 用語集』(개정판)

【WEB】

NHK高校講座 世界史, NHK for School, 国立国会図書館, 国立公文書館 アジア歴史資料センター

이책을만든사람들

- **감수:** 하네다 마사시(HANEDA MASASHI)
  도쿄대학 명예 교수

- **플롯 집필 · 감수:**

  제1장 와다 류타(WADA RYUTA)
  도카이대학 전임강사

  제2장 기타무라 아쓰시(KITAMURA ATSUSHI)
  고베학원대학 준교수

  제3장 구보 도루(KUBO TORU)
  신슈대학 특임교수

  제4장 나카오 사키코(NAKAO SAKIKO)
  도쿄대학 대학원 종합문화연구과 학술연구원

- **자켓 · 표지:** 곤도 가쓰야(KONDOU KATSUYA)
  스튜디오 지브리

- **만화 작화:** 기사라기 히로타카(KISARAGI HIROTAKA)
  나고야 유우(NAGOYA YUU)
  요시다 겐지(YOSHIDA KENJI)

- **내비게이션 캐릭터:** 우에지 유호(UEJI YUHO)

차별적 표현에 대하여

『세계의 역사』 시리즈에는 현대를 살아가는 우리가 입에 담아서는 안 될 차별적인 표현을 사용한 부분이 있습니다. 역사적 배경이나 시대적 관점을 보다 정확하게 전달하기 위해, 불편함을 무릅쓰고 꼭 필요한 최소한의 용어만 사용했습니다. 본 편집부에게 차별을 조장하려는 의도가 없다는 점을 알아주시길 부탁드립니다.

– 원출판사의 말

하루 한 권 학습만화 17
세계의 역사

제2차 세계대전 이후의 국제관계
(1945년~1955년)

초판인쇄 2022년 12월 30일
초판발행 2022년 12월 30일

감수 하네다 마사시
옮긴이 일본콘텐츠전문번역팀
발행인 채종준

출판총괄 박능원
국제업무 채보라
책임번역 손봉길
책임편집 김도현
디자인 홍은표
마케팅 문선영 · 전예리
전자책 정담자리

브랜드 드루주니어
주소 경기도 파주시 회동길 230 (문발동)
문의 ksibook13@kstudy.com

발행처 한국학술정보(주)
출판신고 2003년 9월 25일 제406-2003-000012호
인쇄 북토리

ISBN 979-11-6801-793-1 04900
979-11-6801-777-1 04900 (set)